JN062943

令 和 元 年

司 法 統 計 年 報

1 民事・行政編

ANNUAL REPORT OF JUDICIAL STATISTICS

FOR

2 0 1 9

VOLUME 1 CIVIL CASES

最 高 裁 判 所 事 務 総 局

GENERAL SECRETARIAT, SUPREME COURT

序

令和元年司法統計年報民事・行政編を刊行する。

司法統計年報は，民事・行政編，刑事編，家事編及び少年編の4編によって構成されている。

本編は，令和元年中に全国の裁判所が取り扱った民事及び行政に関する全事件についての裁判統計報告を，各種分類項目に従って集計整理し，収録したものである。

令和2年8月

最高裁判所事務総局情報政策課

目　　　　　次

概　要

1　本書の構成

Ⅰ　総覧表

　　本表には，当年の報告結果を事件別，受理，既済及び未済の別に裁判所ごとに一覧できるよう総件数を掲げるとともに，各事件の累年比較の諸表を収録した。

Ⅱ　細別表

　　本表には，既済事件の集計結果を，事件の種類ごとに審級裁判所別に手続及び実体両面にわたる内容について掲げた。

2　本書利用上の注意

（1）　年次について断りのない表は，全て令和元年に関するものである。

（2）　各表の数値は，次の資料による。

　　昭和24，25年は各年「民事・刑事・家庭事件一覧表」

　　昭和30，35年は各年「司法統計年報1民事編」

　　昭和40年～平成30年は各年「司法統計年報1民事・行政編」

（3）　統計表の数値は，特に断りのない限り件数を表す。

（4）　高等裁判所，地方裁判所の表示について，表中特に本庁・支部別に区別していない場合は，全て本庁及び支部の合計を指す。

（5）　本書における「第一審通常訴訟」の範囲

　　ア　簡裁の場合は，「（ハ）通常訴訟事件」である。

　　イ　地裁の場合は，「（ワ）通常訴訟事件」及び「（タ）人事訴訟事件」である。

　　　　なお，平成16年4月以降の人事訴訟事件の新受には，人事訴訟法（平成15年法律第109号）の施行の際現に係属していた人事訴訟事件の目的と同一の身分関係の形成又は存否の確認を目的とする請求に係る人事訴訟事件であって地方裁判所に訴えが提起されたものを計上している。

（6）　本書における「行政第一審通常訴訟」の範囲

　　ア　地裁の場合は，「（行ウ）行政訴訟事件」である。

　　イ　高裁の場合は，「（行ケ）行政訴訟事件」である。

（7）　各表の数値は，令和2年6月末日現在でそれまでに報告があった数値を基準に司法統計年報として取りまとめたものである。

（8）　各表の数値は，司法統計年報の刊行後，異同訂正が生じることがある。

（9）　累年表のうち，その年の新受件数に前年の未済件数を加えたものからその年の既済件数を差し引いたものがその年の未済件数と符合しない箇所があるのは，前年の司法統計年報の刊行後に数値の異同があったためである。

（10）　知的財産高等裁判所の設置

　　知的財産高等裁判所設置法の施行により，東京高等裁判所の管轄に属する事件のうち，知的財産に関する事件

2　概　要

は，平成17年4月1日付けで東京高等裁判所から知的財産高等裁判所に回付され，東京高等裁判所は同日付け
で既済として処理し，知的財産高等裁判所は同日付けで新受として処理した。

(11)　本書に使用した符号

　　　－　該当数値のない（0件，0人）場合

　　　…　不詳，表示省略又は調査対象外の場合

統　計　表

第1－1表　民事・行政事件の新受，既済，

裁判所 年次	総数			訴訟事件 1)			調停事件			その他の事件		
	新受	既済	未済	新受	既済	未済	新受	既済	未済	新受	既済	未済
全裁判所												
昭和24年	336 171	330 442	76 397	50 255	43 201	45 371	44 919	45 350	13 221	240 997	241 891	17 805
25	429 853	412 603	93 587	74 215	63 006	56 573	56 300	53 390	16 061	299 338	296 207	20 953
30	827 659	820 669	166 025	158 575	148 978	107 196	78 955	77 766	23 721	590 129	593 925	35 108
35	970 134	960 975	294 957	166 518	168 720	126 490	64 936	66 231	22 530	738 680	726 024	145 928
40	1 255 547	1 249 433	345 162	176 523	172 173	126 156	52 067	52 131	20 099	1 026 957	1 025 129	198 907
45	1 231 321	1 218 286	391 857	190 916	183 417	159 710	53 377	52 455	22 028	987 028	982 414	210 119
50	1 076 665	1 088 448	344 744	165 687	168 990	147 304	45 495	45 627	18 406	865 483	873 831	179 034
55	1 469 848	1 445 279	406 077	221 393	216 126	156 798	64 868	64 084	21 371	1 183 587	1 165 069	227 908
60	2 548 584	2 531 824	642 192	380 614	383 956	191 339	89 209	108 263	25 828	2 078 761	2 039 605	425 025
平成2年	1 715 193	1 779 269	462 707	229 718	237 985	141 275	61 007	59 683	21 268	1 424 468	1 481 601	300 164
7	2 411 360	2 389 961	697 171	423 454	424 444	183 038	130 808	129 150	31 438	1 857 098	1 836 367	482 695
12	3 051 709	3 062 459	779 557	524 884	530 276	167 953	317 986	298 556	66 105	2 208 839	2 233 627	545 499
17	2 712 896	2 827 169	575 873	566 288	567 215	163 904	322 987	330 676	48 448	1 823 621	1 929 278	363 522
22	2 179 358	2 241 421	536 325	910 466	947 365	263 997	87 808	90 888	15 250	1 181 084	1 203 168	257 078
26	1 455 730	1 464 962	402 320	534 639	533 151	186 586	43 862	44 393	10 005	877 229	887 418	205 729
27	1 432 324	1 425 487	409 157	535 153	531 265	190 474	40 760	40 263	10 502	856 411	853 959	208 181
28	1 470 655	1 482 939	396 873	539 568	541 623	188 419	39 191	39 635	10 058	891 896	901 681	198 396
29	1 529 392	1 526 351	399 914	545 038	545 709	187 748	35 939	35 988	10 009	948 415	944 654	202 157
30	1 552 739	1 537 135	415 518	536 897	535 636	189 009	34 019	34 112	9 916	981 823	967 387	216 593
令和元年	1 523 332	1 509 068	429 782	534 083	524 295	198 797	32 919	32 758	10 077	956 330	952 015	220 908
最高裁判所												
昭和24年	502	260	370	364	157	326	…	…	…	138	103	44
25	651	391	630	458	220	564	…	…	…	193	171	66
30	1 330	1 254	1 676	1 074	1 003	1 634	…	…	…	256	251	42
35	2 074	2 004	2 636	1 557	1 500	2 592	…	…	…	517	504	44
40	2 354	2 197	2 004	1 746	1 588	1 947	…	…	…	608	609	57
45	2 054	1 865	1 338	1 498	1 308	1 271	…	…	…	556	557	67
50	2 063	2 300	1 049	1 540	1 761	1 014	…	…	…	523	539	35
55	2 187	2 251	1 082	1 553	1 588	1 033	…	…	…	634	663	49
60	2 790	2 874	1 787	1 976	2 054	1 707	…	…	…	814	820	80
平成2年	3 109	3 050	1 589	2 288	2 224	1 411	…	…	…	821	826	178
7	4 219	4 051	2 288	3 027	2 854	2 057	…	…	…	1 192	1 197	231
12 2)	6 476	6 179	2 240	4 557	4 273	1 901	…	…	…	1 919	1 906	339
	(5 044)	(4 915)	(1 643)	(3 152)	(3 031)	(1 313)				(1 892)	(1 884)	(330)
17	7 267	7 363	1 861	5 263	5 345	1 569	…	…	…	2 004	2 018	292
	(5 354)	(5 413)	(1 263)	(3 370)	(3 415)	(974)				(1 984)	(1 998)	(289)
22	7 410	6 905	2 127	5 577	5 107	1 819	…	…	…	1 833	1 798	308
	(5 321)	(4 989)	(1 425)	(3 516)	(3 210)	(1 128)				(1 805)	(1 779)	(297)
26	7 626	7 946	2 490	5 564	5 888	2 078	…	…	…	2 062	2 058	412
	(5 516)	(5 728)	(1 667)	(3 482)	(3 694)	(1 264)				(2 034)	(2 034)	(403)
27	7 223	7 744	1 969	5 268	5 769	1 577	…	…	…	1 955	1 975	392
	(5 228)	(5 547)	(1 348)	(3 287)	(3 592)	(959)				(1 941)	(1 955)	(389)
28	7 096	7 395	1 670	5 203	5 543	1 237	…	…	…	1 893	1 852	433
	(5 087)	(5 254)	(1 181)	(3 221)	(3 420)	(760)				(1 866)	(1 834)	(421)
29	7 086	7 175	1 581	5 049	5 122	1 164	…	…	…	2 037	2 053	417
	(5 154)	(5 219)	(1 116)	(3 133)	(3 193)	(700)				(2 021)	(2 026)	(416)
30	6 830	6 703	1 708	4 750	4 716	1 198	…	…	…	2 080	1 987	510
	(4 989)	(4 876)	(1 229)	(2 916)	(2 892)	(724)				(2 073)	(1 984)	(505)
令和元年	6 894	6 934	1 668	4 634	4 595	1 237	…	…	…	2 260	2 339	431
	(5 064)	(5 120)	(1 173)	(2 819)	(2 793)	(750)				(2 245)	(2 327)	(423)

1)　平成9年以前の訴訟事件の範囲は，第一審（通常訴訟，人事訴訟，手形・小切手訴訟及び行政第一審訴訟），控訴，上告（特別上告を含む。），再審（訴訟）及び上告受理（飛躍上告受理及び特別上告受理を含む。）の各事件である。
　　平成10年以降の訴訟事件の範囲は，第一審（通常訴訟，人事訴訟，手形・小切手訴訟及び行政第一審訴訟（少額訴訟及び少額訴訟判決に対する異議申立てを含む。）），控訴，上告（上告受理及び特別上告を含む。），再審（訴訟），控訴提起，上告提起（飛躍上告提起，少額異議判決に対する特別上告提起及び特別上告提起を含む。）及び上告受理申立て（飛躍上告受理申立てを含む。）の各事件である。

2)　最高裁判所の平成12年以降の各欄の下段の数値は，訴訟事件の欄のものは，一つの原判決に対する上告事件と上告受理事件とを合わせて1件として計上した場合の件数を，その他の事件の欄のものは，一つの原決定に対する特別抗告事件と許可抗告事件とを合わせて1件として計上した場合の件数を，総数の欄のものは，これらを合計した件数をそれぞれ示している。

未済件数—全裁判所及び最高，全高等・地方・簡易裁判所

裁判所 年次	総数			訴訟事件 1)			調停事件			その他の事件		
	新受	既済	未済	新受	既済	未済	新受	既済	未済	新受	既済	未済
高 等 裁 判 所												
昭和　24　年	4 661	3 282	3 628	3 608	2 369	3 326	23	20	11	1 030	893	291
25	6 362	4 533	5 457	4 850	3 204	4 973	88	41	57	1 424	1 288	427
30	14 448	13 533	10 734	9 655	8 891	9 642	169	165	119	4 624	4 477	973
35	18 979	18 259	15 587	11 859	11 269	13 746	205	197	128	6 915	6 793	1 713
40	18 286	18 661	16 051	11 813	12 214	14 723	183	155	124	6 290	6 292	1 204
45	18 949	18 678	16 754	11 759	11 475	15 363	96	98	52	7 094	7 105	1 339
50	18 395	18 171	15 692	11 766	11 613	14 549	83	89	24	6 546	6 469	1 119
55	19 981	20 215	14 032	12 065	12 265	12 953	36	32	25	7 880	7 918	1 154
60	21 136	21 212	13 690	13 742	13 849	12 484	28	26	14	7 366	7 337	1 192
平成　2　年	23 184	22 767	14 032	15 673	15 369	12 413	20	16	9	7 491	7 382	1 610
7	30 212	30 552	15 253	19 286	19 544	13 519	14	14	1	10 912	10 994	1 733
12	37 275	38 022	13 769	23 647	24 400	11 617	10	7	6	13 618	13 615	2 146
17	39 045	39 451	11 734	23 881	24 559	9 233	5	8	-	15 159	14 884	2 501
22	41 171	39 329	13 754	27 634	26 500	10 565	4	8	1	13 533	12 821	3 188
26	39 641	39 239	11 711	24 136	24 145	8 856	7	8	2	15 498	15 086	2 853
27	37 975	37 965	11 721	23 503	24 047	8 312	15	12	5	14 457	13 906	3 404
28	36 295	36 938	11 078	22 457	22 838	7 931	12	11	6	13 826	14 089	3 141
29	46 391	46 497	10 972	21 531	21 818	7 644	4	10	-	24 856	24 669	3 328
30	34 052	35 236	9 788	20 027	20 498	7 173	13	11	2	14 012	14 727	2 613
令和　元　年	35 233	35 203	9 818	19 632	19 423	7 382	26	23	5	15 575	15 757	2 431
地 方 裁 判 所												
昭和　24　年	112 592	104 513	52 473	41 086	34 171	38 141	4 620	4 784	2 107	66 886	65 558	12 225
25	155 015	141 078	66 355	63 754	53 567	48 320	5 003	4 730	2 311	86 258	82 781	15 724
30	262 366	263 206	97 905	65 159	62 775	68 310	9 199	9 137	4 221	188 008	191 294	25 374
35	341 588	327 229	211 000	71 253	71 533	76 990	8 149	8 339	4 353	262 186	247 357	129 657
40	399 879	384 508	252 779	96 547	91 496	83 510	6 036	5 973	3 326	297 296	287 039	165 943
45	447 444	445 061	303 615	107 998	108 584	114 463	4 390	4 662	2 549	335 056	331 815	186 603
50	430 911	438 304	270 611	95 861	97 686	108 658	2 828	3 025	1 885	332 222	337 593	160 068
55	569 345	549 441	327 893	130 023	127 036	118 762	2 118	2 189	1 347	437 204	420 216	207 784
60	759 728	717 780	504 885	132 430	131 371	121 211	1 624	1 701	1 005	625 674	584 708	382 669
平成　2　年	611 466	671 753	378 903	114 402	120 030	106 113	1 867	1 943	1 228	495 197	549 780	271 562
7	868 756	848 292	565 750	155 367	157 551	118 655	1 924	2 026	1 045	711 465	688 715	446 050
12	1 161 498	1 193 703	602 157	184 246	187 070	106 197	2 399	2 202	1 448	974 853	1 004 431	494 512
17	954 775	1 064 387	412 038	154 380	157 071	88 314	1 599	1 562	1 129	798 796	905 754	322 596
22	817 065	841 762	369 702	258 330	261 387	129 666	8 269	8 340	891	550 466	572 035	239 145
26	580 546	589 979	292 216	167 056	166 459	103 927	3 792	3 727	859	409 698	419 793	187 430
27	577 531	576 118	293 629	167 284	164 783	106 428	3 300	3 189	970	406 947	408 146	186 231
28	581 472	587 248	287 853	169 921	170 580	105 769	3 471	3 486	955	408 080	413 182	181 129
29	593 795	589 930	291 718	167 294	166 686	106 377	3 231	3 104	1 082	423 270	420 140	184 259
30	588 921	580 452	300 187	157 399	157 932	105 844	3 047	3 005	1 124	428 475	419 515	193 219
令和　元　年	596 374	581 628	314 933	153 190	149 879	109 155	3 129	3 019	1 234	440 055	428 730	204 544
簡 易 裁 判 所												
昭和　24　年	218 416	222 387	19 926	5 197	6 504	3 578	40 276	40 546	11 103	172 943	175 337	5 245
25	267 825	266 601	21 145	5 153	6 015	2 716	51 209	48 619	13 693	211 463	211 967	4 736
30	549 515	542 676	55 710	82 687	76 309	27 610	69 587	68 464	19 381	397 241	397 903	8 719
35	607 493	613 483	65 734	81 849	84 418	33 171	56 582	57 695	18 049	469 062	471 370	14 514
40	835 028	844 067	74 328	66 417	66 875	25 976	45 848	46 003	16 649	722 763	731 189	31 703
45	762 874	752 682	70 150	69 661	62 050	28 613	48 891	47 695	19 427	644 322	642 937	22 110
50	625 296	629 673	57 392	56 520	57 930	23 083	42 584	42 513	16 497	526 192	529 230	17 812
55	878 335	873 372	63 070	77 752	75 237	24 150	62 714	61 863	19 999	737 869	736 272	18 921
60	1 764 930	1 789 958	121 830	232 466	236 682	55 937	87 557	106 536	24 809	1 444 907	1 446 740	41 084
平成　2　年	1 077 434	1 081 699	68 183	97 355	100 362	21 338	59 120	57 724	20 031	920 959	923 613	26 814
7	1 508 173	1 507 066	113 880	245 774	244 495	48 807	128 870	127 110	30 392	1 133 529	1 135 461	34 681
12	1 846 460	1 824 555	161 391	312 434	314 533	48 238	315 577	296 347	64 651	1 218 449	1 213 675	48 502
17	1 711 809	1 715 968	150 240	382 764	380 240	64 788	321 383	329 106	47 319	1 007 662	1 006 622	38 133
22	1 313 712	1 353 425	150 742	618 925	654 371	121 947	79 535	82 540	14 358	615 252	616 514	14 437
26	827 917	827 798	95 903	337 883	336 659	71 725	40 063	40 658	9 144	449 971	450 481	15 034
27	809 595	803 660	101 838	339 098	336 666	74 157	37 445	37 062	9 527	433 052	429 932	18 154
28	845 792	851 358	96 272	341 987	342 662	73 482	35 708	36 138	9 097	468 097	472 558	13 693
29	882 120	882 749	95 643	351 164	352 083	72 563	32 704	32 874	8 927	498 252	497 792	14 153
30	922 936	914 744	103 835	354 721	352 490	74 794	30 959	31 096	8 790	537 256	531 158	20 251
令和　元　年	884 831	885 303	103 363	356 627	350 398	81 023	29 764	29 716	8 838	498 440	505 189	13 502

第1－2表　事件の種類と新受

最高

年　　次	民事・行政総数	民　　事　　事　　事						
		総数	特別上告	上告	上告受理	再審（訴訟）	特別抗告	許可抗告
平成　22 年	7 410	6 298	59	2 036	2 485	22	1 241	51
23	7 627	6 596	79	2 223	2 563	29	1 240	58
24	8 169	7 148	64	2 256	2 843	18	1 440	49
25	8 131	6 868	93	2 192	2 713	22	1 303	38
26	7 626	6 454	74	1 957	2 527	8	1 353	44
27	7 223	5 972	85	1 850	2 326	10	1 214	25
28	7 096	5 973	46	1 868	2 354	14	1 208	53
29	7 086	5 937	76	1 817	2 239	10	1 260	29
30	6 830	5 677	65	1 722	2 104	7	1 220	13
令和　元 年	6 894	5 876	65	1 700	2 107	6	1 214	21

高　等

年　　次	民事・行政総数	民　　事　　事　　事										
		総数	控訴	上告	再審（訴訟）	上告提起	特別上告起	抗告	再審（抗告）	特別抗告起	上告受理申立て	許可抗告申立て
平成 22 年	41 171	＊ 37 781	18 909	517	300	2 586	77	5 917	355	1 963	2 823	1 110
23	41 976	＊ 38 592	18 731	688	351	2 790	83	6 181	283	2 054	3 001	1 264
24	43 564	＊ 39 858	18 569	615	395	2 738	74	6 846	325	2 254	3 197	1 360
25	40 811	＊ 36 739	16 522	554	340	2 654	114	6 252	361	2 179	3 002	1 338
26	39 641	＊ 35 104	15 310	595	350	2 420	89	6 083	498	2 287	2 854	1 359
27	37 975	＊ 34 247	15 067	483	291	2 414	74	6 209	303	1 924	2 748	1 237
28	36 295	＊ 32 432	14 145	485	255	2 264	82	5 771	246	2 059	2 629	1 330
29	46 391	＊ 40 041	13 584	460	266	2 279	84	5 953	365	2 692	2 539	1 927
30	34 052	＊ 30 456	12 567	490	256	2 171	75	5 570	405	2 053	2 428	1 325
令和 元 年	35 233	＊ 31 590	12 416	422	213	2 137	82	6 034	353	2 536	2 409	1 404

注）＊印は東京高等裁判所専属管轄の「私的独占の禁止及び公正取引の確保に関する法律第 25 条による損害賠償に係る訴訟事件」を含む。

件数の推移－最高，全高等・地方・簡易裁判所
裁　判　所

件		行	政			事			件	
再(抗告)審	雑	総数	特別上告	上告	上告受理	再(訴訟)審	特別抗告	許可抗告	再(抗告)審	雑
316	88	1 112	–	471	503	1	69	7	44	17
308	96	1 031	–	414	464	3	85	3	52	10
356	122	1 021	–	399	471	1	76	7	55	12
349	158	1 263	–	522	567	1	91	4	68	10
329	162	1 172	–	470	528	–	84	3	71	16
308	154	1 251	–	474	523	–	113	4	89	48
291	139	1 123	–	420	501	–	93	2	80	27
321	185	1 149	–	418	488	1	111	4	92	35
342	204	1 153	–	394	458	–	129	2	105	65
338	425	1 018	–	338	418	–	101	1	105	55

裁　判　所

件			行	政					事			件		
人身保護	雑	調停	総数	第一審訴訟	控訴	再(訴訟)審	上告提起	特別上告提起	抗告	再(抗告)審	特別抗告提起	上告受理申立て	許可抗告申立て	雑
18	3 189	4	3 390	466	856	37	520	–	188	23	214	530	147	409
15	3 133	5	3 384	486	874	35	499	–	160	16	230	536	147	401
19	3 448	7	3 706	521	984	49	513	–	182	12	215	555	161	514
14	3 394	7	4 072	530	994	66	619	–	145	65	256	601	174	622
11	3 240	7	4 537	349	998	48	533	–	171	155	365	589	284	1 045
10	3 469	15	3 728	342	943	53	537	–	174	65	280	548	164	622
19	3 131	12	3 863	347	1 116	47	512	–	230	22	212	571	123	683
23	9 852	4	6 350	309	941	57	472	–	211	53	373	527	269	3 138
28	3 070	13	3 596	212	811	60	454	–	207	93	315	498	261	685
23	3 531	26	3 643	263	804	35	399	–	206	84	235	448	179	990

第1－2表　事件の種類と新受

地　方

年次	民総事・行政数	民						事					
		総数	通常訴訟	人事訴訟	手形・小切手訴訟	控訴	再(訴訟審)	控訴提起	飛躍上告受理申立て	飛躍上告提起	上告提起	抗告	再(抗告審)
平成22年	817 065	812 892	222 594	–	436	13 421	227	17 864	9	9	684	1 470	41
23	743 589	739 207	196 366	–	319	13 418	209	17 259	5	7	816	995	21
24	668 883	664 100	161 313	–	299	11 483	242	16 579	6	7	746	890	20
25	611 750	607 226	147 390	–	203	8 590	211	14 577	7	10	695	484	36
26	580 546	576 047	142 488	–	181	6 674	166	13 708	13	12	657	391	31
27	577 531	572 417	143 817	–	110	5 895	200	13 203	5	6	570	678	28
28	581 472	576 644	148 307	–	100	5 061	166	12 513	9	10	539	398	21
29	593 795	589 230	146 680	1	92	5 134	161	11 659	7	10	572	618	16
30	588 921	584 856	138 444	–	90	4 404	180	10 982	10	12	544	689	18
令和元年	596 374	592 640	134 934	–	57	3 999	240	10 829	10	10	482	693	40

年次	民								事					
	担保権の実行としての競売等 不動産	債権	財産開示	企業担保権行	破産	再生	小規模個人再生	給与所得者等再生	会社更生	承認援助	船舶所有者等責任制限	油損害賠償責任制限	簡易確定	過料
平成22年	46 311	2 828	1 207	–	131 370	348	17 665	1 448	20	–	3	–	…	36 517
23	38 922	2 536	1 124	–	110 451	325	13 108	1 154	7	5	2	–	…	36 038
24	34 633	2 017	1 086	–	92 555	305	9 096	925	24	–	2	–	…	34 945
25	29 519	1 842	979	–	81 136	209	7 655	719	6	2	2	–	…	31 360
26	23 956	1 523	919	–	73 370	165	6 982	686	4	1	1	–	…	32 483
27	21 007	1 366	791	–	71 533	158	7 798	679	42	1	2	–	…	43 215
28	18 808	1 234	732	–	71 840	151	8 841	761	1	2	–	–	–	42 064
29	17 243	1 115	686	–	76 015	140	10 488	796	10	2	–	–	–	44 971
30	16 531	1 145	578	–	80 012	114	12 355	856	4	–	–	–	–	48 013
令和元年	15 749	1 152	577	–	80 202	145	12 764	830	1	–	3	–	–	52 407

簡　易

年次	民総事・行政数	民					事				
		総数	通常訴訟	手形・小切手訴訟	少額訴訟	少額訴訟に対する異議申立て	再(訴訟審)	控訴提起	少額異議に対する判決に対する特別上告提起	飛躍上告提起	再(抗告審)
平成22年	1 313 712	1 313 503	585 594	116	19 133	305	28	13 739	9	1	–
23	1 192 110	1 191 884	522 639	102	17 841	310	40	13 727	15	1	2
24	987 098	986 801	403 309	71	15 897	261	34	11 129	11	–	4
25	863 325	863 076	333 746	66	13 240	212	70	8 434	9	–	1
26	827 917	827 715	319 071	36	12 109	198	63	6 396	10	–	1
27	809 595	809 466	321 666	29	11 542	215	58	5 584	3	1	2
28	845 792	845 658	326 170	28	11 030	205	23	4 519	12	–	14
29	882 120	882 030	336 384	16	10 041	189	34	4 493	7	–	9
30	922 936	922 831	341 349	16	9 310	129	35	3 877	5	–	12
令和元年	884 831	884 754	344 101	8	8 542	171	23	3 771	10	1	7

件数の推移（続き）─最高，全高等・地方・簡易裁判所
裁　判　所

抗告提起	民事非訟	商事非訟 特別清算	商事非訟 その他	借地非訟	借地借家臨時処理 罹災都市	借地借家臨時処理 接収不動産	配偶者暴力等に関する保護命令	労働審判	保全命令	配当等手続	強制執行 不動産	強制執行 債権
3 936	429	365	2 215	292	–	–	3 096	3 375	17 043	79 868	4 970	112 462
3 869	421	299	2 233	251	–	–	2 741	3 586	16 771	74 073	4 673	108 964
4 177	391	259	2 218	306	–	–	3 144	3 719	16 699	68 768	4 329	111 963
3 435	433	280	2 156	288	–	–	2 992	3 678	15 260	62 154	4 200	114 591
3 201	548	309	1 900	309	–	–	3 121	3 416	14 989	58 347	4 129	118 646
3 385	516	286	2 001	330	–	–	2 958	3 679	14 087	57 235	4 463	113 247
3 015	519	292	1 772	332	–	–	2 648	3 414	13 617	59 491	4 702	113 931
3 004	520	335	1 860	307	–	–	2 280	3 369	13 417	61 782	4 726	119 289
2 943	550	312	1 664	310	–	–	2 164	3 630	13 112	65 579	5 064	119 034
3 093	519	304	1 730	323	–	–	2 005	3 665	12 587	69 681	5 524	130 563

共助	仲裁関係	人身保護	雑	調停	総数	第一審訴訟	再〔訴訟審〕	控訴提起	飛躍受理上告申立て	飛躍提起上告及び上告	再〔抗告審〕	抗告提起	共助	雑
1 955	13	149	79 983	8 269	4 173	2 195	16	874	–	1	6	214	–	867
1 774	19	130	74 434	11 882	4 382	2 268	16	893	2	2	1	189	–	1 011
1 439	6	121	72 160	7 228	4 783	2 417	11	995	1	1	–	208	–	1 150
1 633	4	124	65 598	4 768	4 524	2 237	29	998	–	–	6	189	1	1 064
1 549	18	111	57 251	3 792	4 499	2 106	22	1 029	–	–	11	192	–	1 139
1 462	12	111	54 241	3 300	5 114	2 486	21	971	–	–	4	210	–	1 422
1 625	8	100	56 149	3 471	4 828	2 094	12	1 110	–	–	2	273	8	1 329
1 481	10	109	57 094	3 231	4 565	2 011	23	940	–	4	4	232	6	1 345
1 725	9	108	50 624	3 047	4 065	1 892	28	805	–	8	8	260	5	1 059
2 021	10	90	42 272	3 129	3 734	1 810	19	800	–	–	1	191	–	913

裁　判　所

抗告提起	借地非訟	和解	督促	公示催告	保全命令	少額訴訟債権執行	過料	共助	雑	調停	総数	共助	雑
1 538	–	4 125	351 454	1 107	2 573	1 212	50 721	–	202 316	79 535	209	–	209
1 034	1	3 865	329 114	1 136	2 352	1 095	52 775	–	182 826	63 009	226	–	226
938	–	3 576	281 724	1 044	2 188	1 117	54 510	1	162 360	48 627	297	–	297
533	–	3 364	256 359	986	1 904	1 057	60 505	2	139 767	42 821	249	–	249
469	–	3 188	248 477	960	1 640	1 007	63 225	17	130 785	40 063	202	–	202
746	–	2 837	236 492	826	1 792	977	72 836	38	116 377	37 445	129	6	123
413	–	2 781	275 166	851	1 930	1 000	65 772	24	120 012	35 708	134	–	134
689	–	2 682	296 159	805	2 142	844	60 567	58	134 207	32 704	90	–	90
785	–	2 530	329 119	748	2 088	791	57 264	84	143 730	30 959	105	–	105
719	1	2 280	304 355	704	1 967	727	54 603	112	132 888	29 764	77	–	77

8

第2表　民事・行政事件数—事件の種類及び新受，既済，未済 —最高裁判所

事　件　の　種　類	新受	既済	未済
民　事　・　行　政　総　数	6 894	6 934	1 668
民　事　総　数	5 876	5 856	1 425
特　別　上　告	65	62	6
上　告	1 700	1 681	453
上　告　受　理	2 107	2 081	591
再　審　（　訴　訟　）	6	8	2
特　別　抗　告	1 214	1 194	130
許　可　抗　告	21	17	11
再　審　（　抗　告　）	338	360	162
雑	425	453	70
行　政　総　数	1 018	1 078	243
特　別　上　告	-	-	-
上　告	338	343	71
上　告　受　理	418	420	114
再　審　（　訴　訟　）	-	-	-
特　別　抗　告	101	117	7
許　可　抗　告	1	2	-
再　審　（　抗　告　）	105	116	48
雑	55	80	3

第3表　民事・行政事件数—事件の種類及び新受，既済，未済
—全高等裁判所及び高等裁判所別

事件の種類	全国総数 新受	既済	未済	東京 新受	既済	未済	知的財産 新受	既済	未済	大阪 新受	既済	未済	名古屋 新受	既済	未済
民事・行政総数	35 233	35 203	9 818	16 076	15 725	4 330	593	575	263	7 745	8 112	1 944	2 929	2 850	895
民事総数	31 590	31 436	8 870	*14 268	*13 953	*3 982	309	288	103	6 994	7 218	1 740	2 642	2 559	834
控訴	12 416	12 228	5 057	5 381	5 182	2 150	85	90	52	2 768	2 823	1 027	1 180	1 128	533
上告	422	445	115	143	152	27	-	-	-	93	95	25	29	35	8
再審（訴訟）	213	207	146	93	65	92	1	2	1	41	53	15	23	19	14
上告提起	2 137	2 119	587	994	988	246	20	17	5	396	400	130	200	201	52
特別上告提起	82	86	17	27	31	3	-	-	-	15	11	8	7	8	1
抗告	6 034	6 127	886	2 452	2 533	320	9	11	-	1 501	1 520	170	522	522	101
再審（抗告）	353	375	231	186	193	165	-	-	-	110	129	35	3	2	3
特別抗告提起	2 536	2 501	415	1 357	1 316	213	-	1	-	542	560	91	139	124	26
上告受理申立て	2 409	2 395	683	1 089	1 087	287	33	29	9	480	487	155	220	214	57
許可抗告申立て	1 404	1 440	163	706	699	87	1	2	-	285	313	27	116	107	14
人身保護	23	21	4	17	14	3	-	-	-	2	2	-	3	4	-
雑	3 531	3 465	556	1 817	1 688	383	160	136	36	758	822	56	187	184	22
調停	26	23	5	2	1	1	-	-	-	3	3	1	13	11	3
行政総数	3 643	3 767	948	1 808	1 772	348	284	287	160	751	894	204	287	291	61
第一審訴訟	263	241	164	57	47	20	174	166	137	8	6	3	2	3	-
控訴	804	777	373	343	330	157	1	4	1	181	161	90	94	111	19
再審（訴訟）	35	51	21	7	11	5	-	1	-	16	26	9	3	1	4
上告提起	399	402	111	172	169	45	24	28	5	67	69	22	53	49	15
特別上告提起	-	-	-	-	-	-	-	-	-	-	-	-	-	-	-
抗告	206	203	18	101	101	7	-	-	-	55	53	5	9	9	-
再審（抗告）	84	118	30	44	48	16	-	-	-	37	66	11	-	-	-
特別抗告提起	235	268	33	108	106	9	-	2	-	76	110	13	20	15	7
上告受理申立て	448	468	103	188	188	41	48	52	10	70	79	21	57	51	15
許可抗告申立て	179	202	17	80	80	4	-	-	-	64	86	9	17	16	1
雑	990	1 037	78	708	692	44	37	34	7	177	238	21	32	36	-

事件の種類	広島 新受	既済	未済	福岡 新受	既済	未済	仙台 新受	既済	未済	札幌 新受	既済	未済	高松 新受	既済	未済
民事・行政総数	1 919	2 011	657	3 221	3 156	959	1 100	1 113	290	951	902	260	699	759	220
民事総数	1 787	1 892	593	3 010	2 930	908	1 031	1 041	270	897	841	239	652	714	201
控訴	670	723	332	1 236	1 209	495	486	446	207	340	302	135	270	325	126
上告	38	44	28	56	52	18	16	18	2	14	13	3	33	36	4
再審（訴訟）	9	12	2	36	36	16	2	1	1	2	10	3	6	9	2
上告提起	136	133	31	221	212	78	61	66	15	61	58	17	48	44	13
特別上告提起	7	10	1	15	15	3	4	4	-	4	3	1	3	4	-
抗告	368	356	114	596	584	108	211	230	17	232	224	30	143	147	26
再審（抗告）	23	18	13	18	14	4	3	1	3	7	11	7	3	7	1
特別抗告提起	117	140	10	247	230	54	52	59	5	62	55	11	20	16	5
上告受理申立て	151	151	35	252	246	89	63	69	16	65	62	20	56	50	15
許可抗告申立て	69	87	9	164	166	19	20	24	1	26	26	3	17	16	3
人身保護	-	-	-	-	-	1	-	-	-	1	1	-	-	-	-
雑	197	216	18	169	166	23	110	120	3	80	73	9	53	60	6
調停	2	2	-	-	-	-	3	3	-	3	3	-	-	-	-
行政総数	132	119	64	211	226	51	69	72	20	54	61	21	47	45	19
第一審訴訟	5	5	-	8	6	2	6	6	-	2	1	1	1	1	1
控訴	49	34	36	54	60	28	25	26	13	28	28	13	29	23	16
再審（訴訟）	1	2	1	6	6	-	-	1	-	1	2	1	1	1	1
上告提起	19	18	8	37	38	9	14	13	4	6	10	2	7	8	1
特別上告提起	-	-	-	-	-	-	-	-	-	-	-	-	-	-	-
抗告	15	10	5	19	22	1	3	3	-	1	1	-	3	4	-
再審（抗告）	2	2	2	1	1	-	-	1	-	1	1	-	1	1	-
特別抗告提起	6	9	1	18	20	2	4	4	-	3	2	1	-	-	-
上告受理申立て	17	20	5	43	45	8	14	14	3	6	12	2	5	7	-
許可抗告申立て	1	3	-	11	13	1	1	1	-	5	3	2	-	-	-
雑	17	16	6	15	15	-	2	4	-	1	1	-	1	1	-

注）1　*印は東京高等裁判所専属管轄の「私的独占の禁止及び公正取引の確保に関する法律第25条による損害賠償に係る訴訟事件」を含む。
2　知的財産高等裁判所は東京高等裁判所の特別の支部であるが，裁判統計上は独立の裁判所として数値を計上している。

第4表　民事・行政事件数—事件の種類及び

事件の種類	全国総数			東京高裁管内総数			東京			横浜		
	新受	既済	未済	新受	既済	未済	新受	既済	未済	新受	既済	未済
民事・行政総数	596 374	581 628	314 933	262 316	254 121	139 798	108 734	106 713	59 524	40 159	38 317	20 578
民事総数	592 640	577 698	312 149	260 442	252 301	138 391	107 420	105 416	58 639	40 020	38 210	20 480
通常訴訟	134 934	131 560	104 060	66 951	64 482	49 042	38 801	36 870	28 057	8 158	8 213	5 916
人事訴訟	–	–	–	–	–	–	–	–	–	–	–	–
手形・小切手訴訟	57	63	28	20	17	12	6	6	7	3	3	–
控訴	3 999	3 943	1 580	1 555	1 564	590	740	745	260	238	221	97
再審（訴訟）	240	211	129	73	72	49	37	33	24	9	11	8
控訴提起	10 829	10 847	812	4 802	4 799	375	2 603	2 595	206	736	739	60
飛躍上告受理申立て	10	6	4	1		1	–	–	–	–	–	–
飛躍上告提起	10	6	5	1	–	1	–	–	–	–	–	–
上告提起	482	497	111	183	180	48	83	74	20	21	25	8
抗告	693	673	61	463	451	31	410	405	21	14	13	1
再審（抗告）	40	28	27	17	13	8	14	10	7	1	1	–
抗告提起	3 093	3 096	498	1 345	1 291	224	828	787	146	174	173	25
民事非訟	519	503	50	151	152	7	28	27	3	57	57	2
商事非訟 特別清算	304	315	148	154	162	75	92	102	41	10	6	6
商事非訟 その他	1 730	1 658	343	774	770	140	431	420	92	69	65	18
借地非訟	323	314	285	272	265	235	207	218	174	38	23	41
配偶者暴力等に関する保護命令	2 005	1 998	66	476	462	29	76	74	6	55	51	6
労働審判	3 665	3 670	894	1 964	1 963	477	1 150	1 172	271	247	237	56
保全命令	12 587	12 569	865	7 115	7 134	454	4 795	4 812	314	758	763	30
（うち仮処分）	5 311	5 331	650	3 158	3 211	330	2 309	2 337	246	243	250	19
配当等手続	69 681	67 881	24 680	27 485	26 334	10 927	6 569	6 175	3 411	5 252	5 152	2 080
強制執行 不動産	5 524	5 228	2 790	2 315	2 199	1 280	526	472	249	377	340	205
強制執行 債権	130 563	124 587	100 607	51 161	49 448	42 157	14 408	15 227	12 955	8 429	7 680	6 826
担保権の実行 不動産	15 749	15 976	12 736	7 243	7 232	6 037	1 548	1 582	1 033	1 363	1 290	1 025
としての競売等 債権	1 152	2 111	2 310	584	634	1 019	272	309	401	94	77	178
財産開示	577	622	127	270	300	55	117	136	21	28	36	8
破産	80 202	79 318	25 622	32 908	32 630	10 077	11 505	11 416	3 436	5 661	5 594	1 599
再生	145	122	258	93	67	147	67	38	92	5	3	8
小規模個人再生	12 764	12 628	6 025	4 793	4 732	2 460	1 179	1 179	619	927	914	454
給与所得者等再生	830	851	403	309	311	156	81	90	35	69	56	41
会社更生	1	8	44	–	7	43	–	7	43	–	–	–
承認援助	–	–	4	–	–	4	–	–	4	–	–	–
船舶所有者等責任制限	3	–	5	–	–	2	–	–	1	–	–	1
油濁損害賠償責任制限	–	–	–	–	–	–	–	–	–	–	–	–
簡易確定	–	–	–	–	–	–	–	–	–	–	–	–
過料	52 407	49 006	18 978	24 887	22 689	8 556	9 803	9 409	4 513	4 139	3 391	1 338
共助	2 021	1 976	221	993	963	125	521	496	97	134	129	6
仲裁関係	10	8	9	7	5	6	3	3	3	–	–	–
人身保護	90	96	15	34	37	3	9	11	1	4	4	–
雑	42 272	42 294	6 115	20 216	20 179	3 010	9 979	10 038	1 683	2 885	2 894	390
調停	3 129	3 019	1 234	827	757	529	532	478	393	65	49	47
行政総数	3 734	3 930	2 784	1 874	1 820	1 407	1 314	1 297	885	139	107	98
第一審訴訟	1 810	1 920	2 362	965	900	1 143	658	599	736	82	63	77
再審（訴訟）	19	19	6	2	2	1	1	2	–	1	–	1
控訴提起	800	804	58	350	341	39	245	241	16	19	19	2
飛躍上告受理申立て	–	–	–	–	–	–	–	–	–	–	–	–
飛躍上告提起・上告提起	–	3	–	–	3	–	–	3	–	–	–	–
再審（抗告）	1	3	9	–	–	2	–	–	–	–	–	–
抗告提起	191	192	34	75	72	21	61	59	7	5	3	6
共助												
雑	913	989	315	482	502	201	349	393	126	32	22	12

新受，既済，未済—全地方裁判所及び地方裁判所別

さいたま 新受	既済	未済	千葉 新受	既済	未済	水戸 新受	既済	未済	宇都宮 新受	既済	未済	前橋 新受	既済	未済	
27 873	27 176	14 319	25 680	24 835	12 867	12 494	11 853	6 671	8 443	7 969	4 260	7 233	7 151	4 211	総
27 735	27 064	14 197	25 615	24 759	12 773	12 466	11 803	6 647	8 418	7 948	4 240	7 200	7 128	4 174	民
5 480	5 366	3 608	4 761	4 618	3 085	1 784	1 768	1 425	1 322	1 327	1 021	1 513	1 425	1 323	
-	-	-	-	-	-	-	-	-	-	-	-	-	-	-	
1	1	-	2	-	2	1	1	-	-	-	-	1	1	-	
139	168	40	127	126	52	60	54	34	64	67	23	49	39	25	
3	5	3	8	8	4	-	2	-	13	8	5	-	-	-	
406	401	35	308	306	29	124	130	8	130	135	7	89	82	10	
-	-	-	-	-	-	-	-	-	-	-	-	-	-	-	
-	-	-	-	-	-	-	-	-	-	-	-	-	-	-	上
22	22	6	22	24	6	9	9	2	7	7	1	4	2	2	
16	14	3	3	3	1	1	-	2	6	4	2	3	3	-	
-	-	-	1	-	1	-	-	-	1	1	-	-	-	-	民
119	104	18	77	75	27	18	24	-	28	28	-	16	13	3	
9	8	1	3	3	-	3	4	-	12	12	-	2	2	-	
11	7	8	8	7	5	2	3	1	3	3	1	7	6	2	
45	47	5	42	44	8	28	30	2	24	26	-	14	15	1	
10	10	7	9	12	5	2	-	2	2	1	1	1	-	1	
65	62	3	66	65	2	28	28	4	54	52	4	26	25	1	
168	164	49	119	130	20	46	48	12	52	51	11	54	39	20	
424	410	37	386	386	25	124	121	12	94	88	10	115	121	3	保
152	150	19	155	158	17	44	47	6	36	33	6	51	57	2	
3 585	3 432	1 340	3 716	3 650	1 238	2 117	1 887	783	1 333	1 289	436	939	937	287	
293	298	160	327	312	187	163	166	99	97	100	50	96	93	66	
6 624	6 323	5 645	6 161	5 983	4 781	3 378	2 970	2 634	2 179	1 952	1 631	1 895	1 766	1 590	
1 073	1 072	943	878	988	774	498	550	439	271	297	255	355	316	348	
43	60	63	51	56	65	31	23	64	14	12	30	18	18	23	
36	29	13	25	27	4	16	19	1	9	10	1	7	7	3	
4 049	4 184	1 039	3 750	3 665	1 035	1 490	1 423	672	953	993	264	872	881	285	破
3	5	4	2	-	6	1	9	4	2	-	3	-	2	1	
677	684	387	643	636	315	258	255	151	194	200	68	173	189	83	
52	48	35	34	41	10	13	14	5	17	18	7	6	5	4	
-	-	-	-	-	-	-	-	-	-	-	-	-	-	-	
-	-	-	-	-	-	-	-	-	-	-	-	-	-	-	
-	-	-	-	-	-	-	-	-	-	-	-	-	-	-	
-	-	-	-	-	-	-	-	-	-	-	-	-	-	-	
2 481	2 301	482	2 380	1 922	831	1 497	1 479	183	985	712	375	335	532	21	過
48	48	1	64	67	6	36	36	4	27	25	3	30	29	1	
2	1	2	-	-	-	-	-	-	-	-	-	-	-	-	
3	4	1	2	3	-	3	3	-	4	4	-	-	-	-	
1 809	1 744	244	1 589	1 546	228	709	727	88	508	512	28	567	564	66	
39	41	15	51	56	21	26	20	16	13	14	3	13	16	5	行
138	112	122	65	76	94	28	50	24	25	21	20	33	23	37	
77	59	91	33	43	57	13	34	23	15	12	18	23	15	32	
-	-	-	-	-	-	-	-	-	-	-	-	-	-	-	
20	19	15	18	16	2	11	11	-	8	8	-	3	3	-	飛
-	-	-	-	-	-	-	-	-	-	-	-	-	-	-	
-	-	1	-	-	1	-	-	-	-	-	-	-	-	-	
2	2	4	3	4	4	1	1	-	-	-	-	-	-	-	
-	-	-	-	-	-	-	-	-	-	-	-	-	-	-	
39	32	11	11	13	30	3	4	1	2	1	2	7	5	5	

第4表　民事・行政事件数—事件の種類及び

事件の種類	静岡			甲府			長野			新潟		
	新受	既済	未済	新受	既済	未済	新受	既済	未済	新受	既済	未済
民事・行政総数	14 704	13 794	8 224	3 647	3 498	1 879	7 207	6 910	3 823	6 142	5 905	3 442
民事総数	14 649	13 738	8 178	3 628	3 465	1 867	7 167	6 878	3 786	6 124	5 892	3 410
通常訴訟	2 561	2 448	2 271	574	545	409	1 105	1 081	1 044	892	821	883
人事訴訟	-	-	-	-	-	-	-	-	-	-	-	-
手形・小切手訴訟	-	-	-	1	-	1	1	-	1	4	5	1
控訴	84	82	32	9	16	2	29	26	13	16	20	12
再審（訴訟）	3	4	-	-	-	5	-	-	-	-	1	-
控訴提起	204	202	11	43	47	-	95	97	5	64	65	4
飛躍上告受理申立て	-	-	-	1	-	1	-	-	-	-	-	-
飛躍上告提起	-	-	-	1	-	1	-	-	-	-	-	-
上告提起	8	8	1	2	2	-	3	3	2	2	4	-
抗告	6	6	-	-	-	-	3	2	1	1	1	-
再審（抗告）	-	-	-	-	-	-	-	-	-	-	-	-
抗告提起	45	46	2	5	6	1	20	20	1	15	15	1
民事非訟	11	11	-	1	1	-	12	12	1	13	15	-
商事非訟 特別清算	9	11	6	-	-	-	3	7	2	9	10	3
商事非訟 その他	53	52	5	9	12	-	32	33	2	27	26	7
借地非訟	-	1	1	-	-	-	3	-	3	-	-	-
配偶者暴力等に関する保護命令	44	43	2	8	8	-	17	16	1	37	38	-
労働審判	67	65	21	8	8	3	30	29	7	23	20	7
保全命令	208	214	13	58	58	3	79	88	3	74	73	4
（うち仮処分）	86	96	7	19	16	3	33	39	1	30	28	4
配当等手続	1 706	1 616	624	452	485	107	892	848	309	924	863	312
強制執行 不動産	160	171	107	55	48	34	105	80	57	116	119	66
強制執行 債権	3 802	3 489	2 921	877	810	564	1 945	1 797	1 492	1 463	1 451	1 118
担保権の実行としての競売等 不動産	475	453	446	281	171	301	234	218	215	267	295	258
担保権の実行としての競売等 債権	20	38	59	7	16	66	21	9	37	13	16	33
財産開示	12	13	1	-	-	-	13	18	1	7	5	2
破産	2 214	2 148	805	434	410	153	954	952	335	1 026	964	454
再生	9	6	17	1	-	4	1	2	1	2	2	7
小規模個人再生	359	339	191	55	47	20	176	152	76	152	137	96
給与所得者等再生	16	17	9	-	-	-	12	14	6	9	8	4
会社更生	-	-	-	-	-	-	-	-	-	-	-	-
承認援助	-	-	-	-	-	-	-	-	-	-	-	-
船舶所有者等責任制限	-	-	-	-	-	-	-	-	-	-	-	-
油濁損害賠償責任制限	-	-	-	-	-	-	-	-	-	-	-	-
簡易確定	-	-	-	-	-	-	-	-	-	-	-	-
過料	1 513	1 215	528	352	373	152	861	856	62	541	499	71
共助	82	81	4	5	4	1	32	32	1	14	16	1
仲裁関係	2	1	1	-	-	-	-	-	-	-	-	-
人身保護	1	1	-	-	1	1	5	5	-	2	1	1
雑	929	918	90	382	388	38	466	463	102	393	385	53
調停	46	39	10	6	9	1	18	18	6	18	17	12
行政総数	55	56	46	19	33	12	40	32	37	18	13	32
第一審訴訟	30	37	38	4	14	11	18	16	31	12	8	29
再審（訴訟）	-	-	-	-	-	-	-	-	-	-	-	-
控訴提起	13	12	2	5	4	1	7	6	1	1	2	-
飛躍上告受理申立て	-	-	-	-	-	-	-	-	-	-	-	-
飛躍上告提起・上告提起	-	-	-	-	-	-	-	-	-	-	-	-
再審（抗告）	-	-	-	-	-	-	-	-	-	-	-	-
抗告提起	-	-	-	1	1	-	1	1	-	1	1	-
共助	-	-	-	-	-	-	-	-	-	-	-	-
雑	12	7	6	9	14	-	14	9	5	4	2	3

新受，既済，未済―全地方裁判所及び地方裁判所別（続き）

大阪高裁管内総数			大阪			京都			神戸			奈良			
新受	既済	未済	新受	既済	未済	新受	既済	未済	新受	既済	未済	新受	既済	未済	
107 232	107 636	56 795	53 296	54 885	28 973	15 067	14 523	7 518	24 374	24 108	12 226	5 471	5 378	2 814	総
106 418	106 773	56 219	52 881	54 399	28 680	14 994	14 429	7 448	24 152	23 930	12 094	5 421	5 326	2 779	民
26 190	25 442	21 257	14 124	13 762	11 214	4 624	4 478	3 620	4 848	4 682	4 114	1 015	983	883	
–	–	–	–	–	–	–	–	–	–	–	–	–	–	–	
18	20	9	9	11	5	3	4	1	4	4	1	1	1	1	
886	873	342	421	405	159	198	177	81	159	172	62	48	44	18	
115	77	58	12	10	7	3	2	1	99	64	48	1	–	2	
2 446	2 449	223	1 115	1 128	93	547	518	60	474	491	45	141	139	12	
4	4	–	3	3	–	1	1	–	–	–	–	–	–	–	
4	4	–	3	3	–	1	1	–	–	–	–	–	–	–	
94	107	18	46	46	10	7	8	2	28	40	5	5	6	–	上
90	78	19	41	34	10	22	21	3	17	14	5	7	6	1	
10	1	12	–	–	–	–	–	1	7	–	7	1	1	1	
907	937	192	340	324	114	334	379	38	171	176	23	19	19	11	民
73	68	19	15	8	17	13	12	1	24	24	–	2	3	–	
53	59	18	30	30	7	7	6	5	13	15	4	3	1	2	
250	241	77	101	97	46	39	44	7	74	65	17	7	4	4	
33	38	32	23	22	19	3	4	5	7	12	8	–	–	–	
496	504	10	210	214	4	62	63	1	137	139	3	26	26	1	
573	603	133	333	365	74	72	73	13	110	109	29	15	17	5	
2 301	2 284	171	1 214	1 206	87	306	309	24	568	549	42	87	90	5	保
872	853	142	478	467	75	125	123	23	177	165	28	38	41	5	
8 953	8 924	3 300	3 791	3 947	1 405	1 167	1 108	438	2 228	2 194	776	650	603	234	
926	889	457	371	377	169	123	114	64	275	252	128	55	47	33	
20 834	20 470	15 107	9 838	10 467	6 945	2 123	1 938	1 490	5 520	5 087	3 863	1 125	984	865	
2 843	2 997	2 128	1 353	1 476	975	313	297	249	693	699	496	182	195	141	
162	1 096	440	85	983	262	22	26	26	38	37	85	5	6	12	
87	103	27	42	43	12	8	14	1	25	34	11	4	4	1	
14 393	14 517	4 264	7 642	7 765	1 964	1 548	1 563	581	3 362	3 300	1 059	771	790	267	破
16	24	33	10	12	22	–	4	1	4	4	5	–	–	2	
2 263	2 337	910	1 058	1 091	347	217	235	129	630	659	263	140	135	66	
175	186	75	97	98	40	13	20	10	45	49	12	9	10	5	
1	1	1	1	1	1	–	–	–	–	–	–	–	–	–	
–	–	–	–	–	–	–	–	–	–	–	–	–	–	–	
1	–	1	–	–	–	–	–	–	1	–	1	–	–	–	
–	–	–	–	–	–	–	–	–	–	–	–	–	–	–	
–	–	–	–	–	–	–	–	–	–	–	–	–	–	–	
10 831	10 983	5 286	5 318	5 252	3 711	1 362	1 124	408	2 435	2 850	721	689	799	145	過
261	252	24	129	124	11	29	30	1	60	58	5	7	7	1	
–	1	1	–	–	1	–	–	–	–	1	–	–	–	–	
24	24	7	15	17	3	2	1	1	5	4	3	–	–	–	
9 281	9 397	1 195	4 646	4 672	684	1 697	1 728	135	1 902	1 942	217	371	379	49	
824	783	373	445	406	262	128	127	51	189	204	36	35	27	12	
814	863	576	415	486	293	73	94	70	222	178	132	50	52	35	行
380	405	494	191	240	268	28	43	42	105	68	106	27	27	33	
11	9	4	1	2	–	2	2	1	8	5	3	–	–	–	
178	186	8	99	101	6	19	19	1	32	35	1	13	16	–	飛
–	–	–	–	–	–	–	–	–	–	–	–	–	–	–	
–	3	6	–	–	–	–	3	6	–	–	–	–	–	–	
66	68	13	26	34	3	12	9	6	22	20	3	3	2	1	
–	–	–	–	–	–	–	–	–	–	–	–	–	–	–	
179	192	51	98	109	16	12	18	14	55	50	19	7	7	1	

14

第４表　民事・行政事件数―事件の種類及び

事件の種類	大津 新受	既済	未済	和歌山 新受	既済	未済	名古屋高裁管内総数 新受	既済	未済	名古屋 新受	既済	未済
民事・行政総数	5 183	5 016	3 107	3 841	3 726	2 157	55 994	54 912	29 638	31 255	30 628	16 631
民事総数	5 155	4 985	3 085	3 815	3 704	2 133	55 707	54 557	29 408	31 040	30 371	16 473
通常訴訟	910	868	779	669	669	647	12 044	12 388	9 470	7 779	8 142	5 969
人事訴訟	-	-	-	-	-	-	-	-	-	-	-	-
手形・小切手訴訟	1	-	1	-	-	-	5	6	1	2	3	1
控訴	34	46	12	26	29	10	416	405	177	235	221	102
再審（訴訟）	-	1	-	-	-	-	10	18	3	7	14	2
控訴提起	92	96	9	77	77	4	1 019	1 026	63	618	633	32
飛躍上告受理申立て	-	-	-	-	-	-	-	-	-	-	-	-
飛躍上告提起	-	-	-	-	-	-	-	-	1	-	-	1
上告提起	5	5	-	3	2	1	38	35	11	24	21	6
抗告	1	1	-	2	2	-	39	38	3	26	24	3
再審（抗告）	2	-	3	-	-	-	-	1	-	-	1	-
抗告提起	23	25	-	20	14	6	204	192	35	120	114	16
民事非訟	14	16	-	5	5	1	39	39	1	10	9	1
商事非訟 特別清算	-	5	-	-	2	-	26	17	22	13	12	9
商事非訟 その他	11	9	2	18	22	1	170	160	30	66	59	17
借地非訟	-	-	-	-	-	-	5	2	6	5	1	6
配偶者暴力等に関する保護命令	12	13	-	49	49	1	114	118	3	19	23	-
労働審判	28	23	11	15	16	1	280	267	75	184	175	49
保全命令	77	84	7	49	46	6	1 024	1 028	57	674	666	33
（うち仮処分）	30	36	6	24	21	5	387	384	49	248	238	27
配当等手続	660	654	240	457	418	207	7 120	7 016	2 129	3 584	3 362	1 139
強制執行 不動産	55	48	35	47	51	28	617	594	302	275	251	125
強制執行 債権	1 274	1 132	1 264	954	862	680	13 946	13 155	10 186	7 734	7 260	5 498
担保権の実行としての競売等 不動産	156	166	140	146	164	127	1 522	1 573	1 304	601	639	467
担保権の実行としての競売等 債権	8	17	39	4	27	16	126	119	255	66	66	128
財産開示	2	3	1	6	5	1	53	50	14	30	29	9
破産	620	634	201	450	465	192	6 457	6 458	2 648	3 453	3 510	1 395
再生	2	2	1	-	2	2	9	12	18	4	9	10
小規模個人再生	145	147	66	73	70	39	1 285	1 278	580	681	660	325
給与所得者等再生	7	7	5	4	2	3	53	56	22	24	24	9
会社更生	-	-	-	-	-	-	-	-	-	-	-	-
承認援助	-	-	-	-	-	-	-	-	-	-	-	-
船舶所有者等責任制限	-	-	-	-	-	-	-	-	-	-	-	-
油濁損害賠償責任制限	-	-	-	-	-	-	-	-	-	-	-	-
簡易確定	-	-	-	-	-	-	-	-	-	-	-	-
過料	590	578	176	437	380	125	4 670	4 086	1 347	2 443	2 048	792
共助	29	26	6	7	7	-	300	290	21	187	181	11
仲裁関係	-	-	-	-	-	-	-	-	-	-	-	-
人身保護	2	2	-	-	-	-	9	8	2	4	4	1
雑	382	372	79	283	304	31	3 814	3 843	494	2 003	2 052	224
調停	13	5	8	14	14	4	293	279	128	169	158	93
行政総数	28	31	22	26	22	24	287	355	230	215	257	158
第一審訴訟	17	18	22	12	9	23	126	182	210	95	128	145
再審（訴訟）	-	-	-	-	-	-	1	2	-	-	1	-
控訴提起	9	9	-	6	6	-	90	92	6	66	68	3
飛躍上告受理申立て	-	-	-	-	-	-	-	-	-	-	-	-
飛躍上告提起・上告提起	-	-	-	-	-	-	-	-	-	-	-	-
再審（抗告）	-	-	-	-	-	-	-	-	-	-	-	-
抗告提起	2	2	-	1	1	-	9	10	-	8	9	-
共助	-	-	-	-	-	-	-	-	-	-	-	-
雑	-	2	-	7	6	1	61	69	14	46	51	10

新受，既済，未済—全地方裁判所及び地方裁判所別（続き）

津			岐阜			福井			金沢			富山			
新受	既済	未済	新受	既済	未済	新受	既済	未済	新受	既済	未済	新受	既済	未済	
6 919	6 896	3 730	7 170	6 991	3 795	2 835	2 670	1 538	4 342	4 311	2 218	3 473	3 416	1 726	総
6 900	6 881	3 711	7 147	6 955	3 775	2 831	2 661	1 534	4 325	4 290	2 200	3 464	3 399	1 715	民
1 329	1 296	1 086	1 224	1 190	949	442	448	357	689	711	636	581	601	473	
1	1	-	1	1	-	1	1	-	-	-	-	-	-	-	
52	52	23	29	29	17	25	23	14	41	50	10	34	30	11	
1	3	-	2	1	1	-	-	-	-	-	-	-	-	-	
124	114	13	106	111	4	35	38	1	77	73	10	59	57	3	
-	-	-	-	-	-	-	-	-	-	-	-	-	-	-	
6	4	3	3	3	1	-	-	-	1	2	-	4	5	1	上
4	5	-	2	2	-	4	4	-	1	1	-	2	2	-	
-	-	-	-	-	-	-	-	-	-	-	-	-	-	-	
21	23	-	22	23	7	6	6	1	21	14	8	14	12	3	民
8	8	-	14	14	-	2	2	-	3	4	-	2	2	-	
4	1	3	4	3	4	4	-	4	1	-	1	1	1	1	
29	26	5	27	26	1	12	13	2	20	22	2	16	14	3	
-	-	-	-	1	-	-	-	-	-	-	-	-	-	-	
15	16	-	25	25	-	10	7	3	22	22	-	23	25	-	
22	32	4	24	22	6	10	8	2	27	23	7	13	7	7	保
101	106	4	96	101	4	49	49	7	55	58	6	49	48	3	
38	40	4	36	40	3	23	24	6	22	23	6	20	19	3	
936	1 002	227	890	931	254	497	481	169	622	669	190	591	571	150	
110	122	44	99	93	59	33	31	15	60	62	35	40	35	24	
1 896	1 842	1 400	1 961	1 788	1 481	652	592	532	965	944	717	738	729	558	
287	270	245	319	348	312	86	90	77	119	124	99	110	102	104	
22	19	34	24	16	46	3	3	17	10	10	21	1	5	9	
10	9	2	6	6	2	2	2	-	2	1	1	3	3	-	
871	793	379	772	783	347	353	371	134	565	575	194	443	426	199	破
3	1	4	2	2	3	-	-	-	-	-	-	-	-	1	
185	174	76	171	170	70	60	59	24	102	105	59	86	110	26	
5	7	3	9	6	4	3	4	-	8	10	3	4	5	3	
-	-	-	-	-	-	-	-	-	-	-	-	-	-	-	
-	-	-	-	-	-	-	-	-	-	-	-	-	-	-	
-	-	-	-	-	-	-	-	-	-	-	-	-	-	-	
376	451	51	593	583	108	321	216	129	573	468	165	364	320	102	過
29	28	1	31	31	3	7	8	-	20	21	1	26	21	5	
-	-	-	-	-	-	-	-	-	-	-	-	2	2	-	
1	-	1	2	2	-	-	-	-	-	-	-	-	-	-	
427	446	96	664	620	80	185	176	42	298	300	28	237	249	24	
25	30	7	25	24	12	29	29	4	24	21	7	21	17	5	
19	15	19	23	36	20	4	9	4	17	21	18	9	17	11	行
13	8	18	8	19	18	1	6	3	5	9	16	4	12	10	
-	-	-	-	-	-	-	-	-	1	1	-	-	-	-	
3	4	-	8	8	1	2	3	-	7	6	1	4	3	1	
-	-	-	-	-	-	-	-	-	-	-	-	-	-	-	飛
-	-	-	-	-	-	-	-	-	-	-	-	-	-	-	
-	-	-	-	-	-	-	-	-	1	1	-	-	-	-	
3	3	1	7	9	1	1	-	1	3	4	1	1	2	-	

第4表　民事・行政事件数―事件の種類及び

事 件 の 種 類	広 島 高 裁 管 内 総 数			広　　島			山　　口			岡　　山		
	新 受	既 済	未 済	新 受	既 済	未 済	新 受	既 済	未 済	新 受	既 済	未 済
民 事 ・ 行 政 総 数	29 447	28 670	15 780	11 264	10 869	6 048	5 049	4 940	2 678	8 485	8 288	4 506
民 事 総 数	29 261	28 441	15 627	11 203	10 803	5 983	5 029	4 906	2 663	8 409	8 205	4 449
通 常 訴 訟	5 456	5 419	4 922	2 104	2 093	2 009	935	917	770	1 741	1 773	1 518
人 事 訴 訟	-	-	-	-	-	-	-	-	-	-	-	-
手 形 ・ 小 切 手 訴 訟	3	4	1	1	2	-	1	1	-	1	1	1
控 訴	244	258	102	105	102	47	37	30	19	93	121	31
再 審 （ 訴 訟 ）	6	8	3	1	2	1	1	1	1	3	3	1
控 訴 提 起	571	567	20	235	235	8	79	80	3	202	200	6
飛 躍 上 告 受 理 申 立 て	-	-	-	-	-	-	-	-	-	-	-	-
飛 躍 上 告 提 起	-	-	-	-	-	-	-	-	-	-	-	-
上 告 提 起	44	43	7	13	14	3	7	8	-	22	20	3
抗 告	22	26	3	5	5	-	2	4	-	6	8	2
再 審 （ 抗 告 ）	-	-	-	-	-	-	-	-	-	-	-	-
抗 告 提 起	171	175	12	31	34	-	32	31	2	69	74	7
民 事 非 訟	60	56	6	12	11	1	18	16	2	13	13	2
商 事 非 訟 ｛ 特 別 清 算	17	13	8	6	4	4	2	2	1	3	3	1
商 事 非 訟 ｛ そ の 他	137	118	29	32	25	13	21	19	3	51	44	10
借 地 非 訟	2	-	2	1	-	1	-	-	-	-	-	-
配 偶 者 暴 力 等 に 関 す る 保 護 命 令	196	196	6	39	43	-	45	46	-	86	83	4
労 働 審 判	112	118	23	54	55	10	14	19	4	36	34	7
保 全 命 令	413	412	27	182	182	10	68	65	9	121	122	7
（ う ち 仮 処 分 ）	189	197	15	69	71	6	28	28	5	64	68	4
配 当 等 手 続	4 376	4 404	1 422	1 654	1 663	532	625	657	217	1 012	998	291
強 制 執 行 ｛ 不 動 産	231	208	120	87	80	38	41	38	24	58	57	30
強 制 執 行 ｛ 債 権	7 073	6 606	5 478	2 697	2 410	2 001	1 240	1 194	985	2 113	2 009	1 511
担 保 権 の 実 行 ｛ 不 動 産	720	754	637	281	326	214	156	138	159	194	181	171
と し て の 競 売 等 ｛ 債 権	47	43	118	16	15	25	13	13	39	7	6	20
財 産 開 示	28	27	4	8	9	1	14	13	1	5	5	1
破 産	4 065	4 002	1 486	1 614	1 616	625	639	630	211	1 100	1 049	419
再 生	1	-	5	-	-	-	1	-	1	-	-	2
小 規 模 個 人 再 生	641	635	270	211	219	99	123	113	46	186	181	74
給 与 所 得 者 等 再 生	46	44	23	13	17	4	5	4	4	13	10	7
会 社 更 生	-	-	-	-	-	-	-	-	-	-	-	-
承 認 援 助	-	-	-	-	-	-	-	-	-	-	-	-
船 舶 所 有 者 等 責 任 制 限	2	-	2	2	-	2	-	-	-	-	-	-
油 濁 損 害 賠 償 責 任 制 限	-	-	-	-	-	-	-	-	-	-	-	-
簡 易 確 定	-	-	-	-	-	-	-	-	-	-	-	-
過 料	2 560	2 299	646	1 027	895	220	553	509	122	678	596	261
共 助	88	86	10	51	48	7	9	9	-	18	20	2
仲 裁 関 係	-	-	-	-	-	-	-	-	-	-	-	-
人 身 保 護	4	3	2	1	1	-	1	1	-	3	2	1
雑	1 823	1 810	209	687	662	101	317	321	32	549	559	53
調 停	102	107	24	34	36	6	30	27	8	26	33	6
行 政 総 数	186	229	153	61	66	65	20	34	15	76	83	57
第 一 審 訴 訟	69	99	134	27	29	57	7	21	13	23	27	49
再 審 （ 訴 訟 ）	-	-	-	-	-	-	-	-	-	-	-	-
控 訴 提 起	48	48	1	17	17	-	10	10	1	14	14	-
飛 躍 上 告 受 理 申 立 て	-	-	-	-	-	-	-	-	-	-	-	-
飛 躍 上 告 提 起 ・ 上 告 提 起	-	-	-	-	-	-	-	-	-	-	-	-
再 審 （ 抗 告 ）	-	-	-	-	-	-	-	-	-	-	-	-
抗 告 提 起	15	15	-	3	3	-	-	-	-	12	12	-
共 助	-	-	-	-	-	-	-	-	-	-	-	-
雑	54	67	18	14	17	8	3	3	1	27	30	8

新受，既済，未済―全地方裁判所及び地方裁判所別（続き）

鳥取 新受	既済	未済	松江 新受	既済	未済	福岡高裁管内総数 新受	既済	未済	福岡 新受	既済	未済	佐賀 新受	既済	未済	
2 242	2 235	1 126	2 407	2 338	1 422	68 854	66 338	35 854	28 025	26 534	14 585	3 515	3 404	1 850	総
2 235	2 232	1 118	2 385	2 295	1 414	68 584	66 004	35 644	27 906	26 399	14 501	3 497	3 391	1 834	民
361	373	312	315	263	313	13 143	12 951	10 432	6 429	6 274	4 755	524	550	469	
-	-	-	-	-	-	5	10	3	5	7	3	-	-	-	
5	4	2	4	1	3	447	416	180	227	220	80	13	10	5	
1	1	-	-	1	-	20	21	8	4	4	2	4	5	1	
31	29	2	24	23	1	1 047	1 065	66	429	445	25	48	50	4	
-	-	-	-	-	-	3	1	2	-	-	-	-	-	-	
-	-	-	-	-	-	3	1	2	-	-	-	-	-	-	
2	1	1	-	-	-	61	66	14	24	25	6	4	5	-	上
8	8	-	1	1	1	32	32	3	14	15	1	2	2	-	
-	-	-	-	-	-	7	7	5	1	2	1	4	3	3	
28	25	3	11	11	-	232	249	21	104	110	17	14	16	1	民
6	6	-	11	10	1	97	97	3	21	21	-	4	4	-	
4	3	1	2	1	1	17	26	7	6	10	2	1	-	1	
16	15	1	17	15	2	212	193	33	93	85	10	9	8	1	
-	-	-	1	-	1	4	3	6	1	-	3	-	-	-	
8	6	2	18	18	-	332	331	9	80	79	4	8	8	-	保
2	2	1	6	8	1	360	340	88	217	193	57	12	8	5	
27	28	-	15	15	1	938	909	84	440	417	45	27	30	-	
18	19	-	10	11	-	381	361	58	156	144	28	12	14	-	
447	421	162	638	665	220	10 322	10 269	3 152	3 403	3 428	996	622	641	176	
20	14	12	25	19	16	610	565	260	206	181	98	28	25	12	
530	523	419	493	470	562	18 707	17 459	13 772	6 782	5 995	5 200	950	896	743	
37	53	37	52	56	56	1 605	1 521	1 153	638	572	415	84	77	65	
4	4	13	7	5	21	133	110	236	55	38	119	6	2	10	
1	-	1	-	-	-	73	76	18	35	33	12	3	4	-	
340	366	91	372	341	140	9 868	9 547	3 149	3 988	3 808	1 327	594	574	189	破
-	-	1	-	-	1	10	14	24	10	1	14	-	1	2	
83	84	31	38	38	20	1 808	1 738	879	994	999	461	109	88	55	
10	7	6	5	6	2	84	101	41	23	21	13	6	7	2	
-	-	-	-	-	-	-	-	-	-	-	-	-	-	-	
-	-	-	-	-	-	-	-	-	-	-	-	-	-	-	
-	-	-	-	-	-	-	-	-	-	-	-	-	-	-	
134	133	3	168	166	40	3 802	3 324	1 252	1 499	1 288	455	231	186	78	過
8	7	1	2	2	-	214	215	30	115	112	23	5	6	1	
-	-	-	-	-	-	2	2	1	1	2	-	-	-	-	
-	-	-	-	-	-	8	9	1	3	4	-	1	-	1	
116	113	14	154	155	9	3 529	3 481	629	1 534	1 490	315	138	137	10	
6	6	2	6	5	2	849	855	81	525	520	42	46	48	-	
7	3	8	22	43	8	270	334	210	119	135	84	18	13	16	行
4	-	8	8	22	7	125	157	196	49	52	80	11	6	16	
-	-	-	-	-	-	2	4	-	1	3	-	-	-	-	
-	-	-	7	7	-	51	52	2	19	21	-	4	4	-	
-	-	-	-	-	-	-	-	-	-	-	-	-	-	-	飛
-	-	-	-	-	-	1	-	1	-	-	-	-	-	-	
-	-	-	-	-	-	20	21	-	12	13	-	2	2	-	
3	3	-	7	14	1	71	100	11	38	46	4	1	1	-	

第4表　民事・行政事件数―事件の種類及び

事件の種類	長崎 新受	既済	未済	大分 新受	既済	未済	熊本 新受	既済	未済	鹿児島 新受	既済	未済
民事・行政総数	5 266	5 294	2 634	4 685	4 485	2 739	7 074	6 718	3 993	7 820	7 758	4 039
民事総数	5 246	5 261	2 615	4 674	4 471	2 729	7 034	6 654	3 959	7 804	7 739	4 022
通常訴訟	732	723	639	709	707	666	1 270	1 292	1 186	1 177	1 142	937
人事訴訟	-	-	-	-	-	-	-	-	-	-	-	-
手形・小切手訴訟	-	-	-	-	-	-	-	3	-	-	-	-
控訴	36	27	13	34	34	16	59	52	32	33	32	14
再審(訴訟)	2	1	1	2	2	-	2	1	2	3	4	1
控訴提起	73	73	8	71	72	3	136	132	8	89	87	5
飛躍上告受理申立て	1	1	-	1	-	1	-	-	-	-	-	-
飛躍上告提起	1	1	-	1	-	1	-	-	-	-	-	-
上告提起	6	4	3	8	9	1	9	10	2	6	9	-
抗告	-	-	-	3	3	-	1	2	-	6	5	1
再審(抗告)	-	-	-	1	-	1	-	1	-	-	-	-
抗告提起	10	9	2	11	15	-	33	33	-	12	16	-
民事非訟	13	13	-	6	6	-	9	8	2	27	28	1
商事非訟 { 特別清算	5	4	2	3	5	1	-	1	-	1	4	1
その他	24	13	14	17	16	2	14	16	-	17	16	3
借地非訟	1	-	1	-	-	-	1	-	1	-	-	-
配偶者暴力等に関する保護命令	37	35	2	11	12	-	47	48	-	23	23	-
労働審判	9	9	1	13	17	3	34	47	2	32	29	10
保全命令	38	38	3	48	43	8	70	75	3	75	71	8
(うち仮処分)	18	18	2	24	18	7	24	26	2	35	33	6
配当等手続	1 030	1 059	289	899	935	306	1 068	977	311	1 399	1 342	520
強制執行 { 不動産	41	38	13	43	44	18	72	53	36	81	85	29
債権	1 617	1 620	1 118	1 340	1 231	1 158	1 947	1 759	1 544	2 396	2 366	1 605
担保権の実行 { 不動産	99	106	76	107	98	93	152	129	126	280	291	204
としての競売等 債権	17	17	15	12	7	23	9	9	28	21	24	23
財産開示	1	2	1	9	12	-	14	12	2	3	3	1
破産	841	806	320	663	638	219	1 037	987	310	1 085	1 142	350
再生	-	1	-	-	-	2	-	3	4	-	5	1
小規模個人再生	154	138	74	108	89	69	123	113	57	150	141	75
給与所得者等再生	7	13	3	8	12	3	13	13	6	13	10	6
会社更生	-	-	-	-	-	-	-	-	-	-	-	-
承認援助	-	-	-	-	-	-	-	-	-	-	-	-
船舶所有者等責任制限	-	-	-	-	-	-	-	-	-	-	-	-
油濁損害賠償責任制限	-	-	-	-	-	-	-	-	-	-	-	-
簡易確定	-	-	-	-	-	-	-	-	-	-	-	-
過料	154	197	-	227	151	86	520	489	196	462	443	132
共助	11	12	-	12	11	1	12	14	1	15	16	1
仲裁関係	1	-	1	-	-	-	-	-	-	-	-	-
人身保護	-	1	-	2	2	-	1	1	-	-	-	-
雑	236	252	14	260	255	45	327	309	89	346	358	81
調停	49	48	2	45	45	3	54	65	11	52	47	13
行政総数	20	33	19	11	14	10	40	64	34	16	19	17
第一審訴訟	9	21	19	5	9	9	19	27	31	11	13	15
再審(訴訟)	-	-	-	1	1	-	-	-	-	-	-	-
控訴提起	8	9	-	3	3	-	8	6	2	2	2	-
飛躍上告受理申立て	-	-	-	-	-	-	-	-	-	-	-	-
飛躍上告提起・上告提起	-	-	-	-	-	-	-	-	-	-	-	-
再審(抗告)	-	-	-	1	-	1	-	-	-	-	-	-
抗告提起	-	-	-	-	-	-	4	4	-	-	-	-
共助	-	-	-	-	-	-	-	-	-	-	-	-
雑	3	3	-	1	1	-	9	27	1	3	4	2

新受，既済，未済—全地方裁判所及び地方裁判所別（続き）

	宮　崎			那　覇			仙台高裁管内総数			仙　台			福　島		
	新受	既済	未済	新受	既済	未済	新受	既済	未済	新受	既済	未済	新受	既済	未済
総	5 416	5 261	2 559	7 053	6 884	3 455	33 121	32 455	17 523	10 035	9 660	5 949	7 243	7 039	3 874
民	5 408	5 252	2 550	7 015	6 837	3 434	33 016	32 355	17 437	9 990	9 617	5 914	7 224	7 029	3 860
	783	788	630	1 519	1 475	1 150	4 734	4 768	3 761	1 865	1 881	1 548	1 097	1 097	900
	-	-	-	-	-	-	3	2	1	-	-	-	3	2	1
	20	14	12	25	27	8	130	121	62	36	42	17	30	38	12
	-	-	-	3	4	1	3	5	-	3	4	-	-	-	-
	83	86	9	118	120	4	410	413	25	160	163	8	108	113	9
	1	-	1	-	-	-	1	-	1	-	-	-	-	-	-
上	1	-	1	-	-	-	1	-	1	-	-	-	-	-	-
	2	1	1	2	3	1	14	16	5	1	3	-	9	7	4
民	2	1	1	4	4	-	17	18	1	5	5	-	4	4	-
	-	-	-	1	1	-	1	3	-	-	1	-	-	1	-
民	17	17	1	31	33	-	92	101	7	28	28	-	30	27	7
	15	15	-	2	2	-	53	52	7	7	8	-	17	18	1
	-	1	-	1	1	-	14	18	6	4	6	1	2	2	2
	13	13	1	25	26	2	111	105	17	22	20	3	27	23	8
	-	-	-	1	3	1	4	1	3	1	-	1	2	1	1
保	63	63	1	63	63	2	211	208	6	63	62	2	63	61	2
	17	12	6	26	25	4	161	157	45	82	76	26	34	34	8
保	80	79	8	160	156	9	330	341	27	145	147	13	91	87	8
	39	38	6	73	70	7	127	132	21	54	56	9	36	33	6
	1 126	1 116	331	775	771	223	5 786	5 524	2 009	1 330	1 096	683	1 325	1 268	388
	53	43	21	86	96	33	434	406	202	119	111	47	103	90	48
	1 441	1 389	1 035	2 234	2 203	1 369	8 628	8 145	6 818	2 413	2 347	1 986	2 212	2 033	1 681
	120	120	80	125	128	94	855	980	759	223	248	164	192	193	186
	9	8	12	4	5	6	54	60	122	9	17	24	12	16	33
	3	3	1	5	7	1	32	34	21	8	7	1	13	11	2
破	846	810	235	814	782	199	5 320	5 182	2 024	1 629	1 515	741	835	824	293
	-	-	-	-	3	1	9	4	15	4	2	4	2	1	6
	97	98	52	73	72	36	844	817	405	290	248	158	136	133	63
	6	6	5	8	19	3	93	92	49	23	27	12	13	15	6
	-	-	-	-	-	-	-	-	-	-	-	-	-	-	-
	-	-	-	-	-	-	-	-	-	-	-	-	-	-	-
	-	-	-	-	-	-	-	-	-	-	-	-	-	-	-
過	272	237	77	437	333	228	2 813	2 927	696	893	930	244	362	433	137
	14	15	-	30	29	3	56	56	4	15	15	1	20	21	2
	-	-	-	-	-	-	1	-	1	1	-	1	-	-	-
	1	1	-	-	-	-	6	8	-	-	-	-	-	-	-
	286	278	26	402	402	49	1 696	1 701	321	572	574	211	454	451	44
	37	38	3	41	44	7	99	90	34	39	33	18	28	25	8
行	8	9	9	38	47	21	105	100	86	45	43	35	19	10	14
	6	7	9	15	22	17	58	54	79	27	24	32	12	5	12
	-	-	-	-	-	-	2	2	-	1	1	-	-	-	-
飛	1	1	-	6	6	-	27	27	-	10	10	-	1	1	-
	-	-	-	-	-	-	-	-	-	-	-	-	-	-	-
	-	-	-	2	2	-	2	2	-	1	1	-	1	1	-
	1	1	-	15	17	4	16	15	7	6	7	3	5	3	2

第4表　民事・行政事件数―事件の種類及び

事件の種類	山形 新受	既済	未済	盛岡 新受	既済	未済	秋田 新受	既済	未済	青森 新受	既済	未済
民事・行政総数	3 632	3 664	1 868	4 170	4 119	1 998	3 236	3 190	1 610	4 805	4 783	2 224
民事総数	3 623	3 657	1 857	4 162	4 109	1 990	3 229	3 184	1 603	4 788	4 759	2 213
通常訴訟	461	466	410	407	436	269	384	393	262	520	495	372
人事訴訟	-	-	-	-	-	-	-	-	-	-	-	-
手形・小切手訴訟	-	-	-	-	-	-	-	-	-	-	-	-
控訴	25	13	13	11	9	4	5	6	2	23	13	14
再審（訴訟）	-	-	-	-	-	-	-	1	-	-	-	-
控訴提起	47	43	5	32	29	3	40	41	-	23	24	-
飛躍上告受理申立て	-	-	-	-	-	-	-	-	-	1	-	1
飛躍上告提起	-	-	-	-	-	-	-	-	-	1	-	1
上告提起	1	2	-	2	1	1	-	-	-	1	3	-
抗告	-	-	-	5	4	1	-	-	-	3	5	-
再審（抗告）	-	-	-	1	1	-	-	-	-	-	-	-
抗告提起	7	8	-	3	3	-	5	5	-	19	30	-
民事非訟	10	9	1	5	4	1	9	9	-	5	4	4
商事非訟 特別清算	3	3	-	1	3	-	2	-	2	2	4	1
商事非訟 その他	9	11	-	22	20	3	17	16	2	14	15	1
借地非訟	-	-	-	1	-	1	-	-	-	-	-	-
配偶者暴力等に関する保護命令	16	15	1	42	42	-	15	15	1	12	13	-
労働審判	12	12	6	8	8	1	11	10	2	14	17	2
保全命令	45	51	1	7	9	1	14	15	-	28	32	4
（うち仮処分）	12	14	1	5	5	1	4	5	-	16	19	4
配当等手続	764	725	247	881	873	271	611	595	210	875	967	210
強制執行 不動産	50	48	22	56	50	31	45	53	20	61	54	34
強制執行 債権	918	846	746	940	906	769	822	768	644	1 323	1 245	992
担保権の実行としての競売等 不動産	78	111	73	115	138	103	113	111	113	134	179	120
担保権の実行としての競売等 債権	11	17	23	8	3	18	9	4	14	5	3	10
財産開示	2	4	-	3	3	-	-	2	-	6	7	-
破産	537	538	234	818	819	260	616	635	208	885	851	288
再生	2	1	2	-	-	1	-	-	1	1	-	1
小規模個人再生	66	73	28	142	157	58	64	62	31	146	144	67
給与所得者等再生	12	15	6	15	13	8	13	9	6	17	13	11
会社更生	-	-	-	-	-	-	-	-	-	-	-	-
承認援助	-	-	-	-	-	-	-	-	-	-	-	-
船舶所有者等責任制限	-	-	-	-	-	-	-	-	-	-	-	-
油濁損害賠償責任制限	-	-	-	-	-	-	-	-	-	-	-	-
簡易確定	-	-	-	-	-	-	-	-	-	-	-	-
過料	389	479	27	464	412	170	278	276	68	427	397	50
共助	6	6	-	6	6	-	2	2	-	7	6	1
仲裁関係	-	-	-	-	-	-	-	-	-	-	-	-
人身保護	1	1	-	2	2	-	-	-	-	3	4	-
雑	149	158	11	155	150	13	142	144	16	224	224	26
調停	2	2	1	10	8	3	12	12	1	8	10	3
行政総数	9	7	11	8	10	8	7	6	7	17	24	11
第一審訴訟	6	4	11	4	6	8	4	3	7	5	12	9
再審（訴訟）	-	-	-	-	-	-	-	-	-	1	1	-
控訴提起	3	3	-	4	4	-	1	1	-	8	8	-
飛躍上告受理申立て	-	-	-	-	-	-	-	-	-	-	-	-
飛躍上告提起・上告提起	-	-	-	-	-	-	-	-	-	-	-	-
再審（抗告）	-	-	-	-	-	-	-	-	-	-	-	-
抗告提起	-	-	-	-	-	-	-	-	-	-	-	-
共助	-	-	-	-	-	-	-	-	-	-	-	-
雑	-	-	-	-	-	-	2	2	-	3	3	2

新受，既済，未済—全地方裁判所及び地方裁判所別（続き）

札幌高裁管内総数			札　幌			函　館			旭　川			釧　路			
新　受	既　済	未　済	新　受	既　済	未　済	新　受	既　済	未　済	新　受	既　済	未　済	新　受	既　済	未　済	
24 479	22 931	11 781	16 692	15 824	7 933	1 839	1 774	885	2 535	2 288	1 301	3 413	3 045	1 662	総
24 365	22 811	11 712	16 612	15 747	7 877	1 836	1 766	885	2 532	2 284	1 297	3 385	3 014	1 653	民
3 966	3 829	2 977	3 018	2 956	2 253	216	204	174	346	302	252	386	367	298	
-	-	-	-	-	-	-	-	-	-	-	-	-	-	-	
3	4	1	2	2	-	1	2	1	-	-	-	-	-	-	
160	154	56	125	106	47	7	11	-	16	18	4	12	19	5	
6	6	4	5	4	4	1	2	-	-	-	-	-	-	-	
296	287	26	225	219	19	17	20	-	27	28	-	27	20	7	
1	1	-	-	-	-	-	-	-	1	1	-	-	-	-	
1	1	-	-	-	-	-	-	-	1	1	-	-	-	-	
16	16	4	10	9	3	3	2	1	1	2	-	2	3	-	上
26	27	-	14	14	-	1	1	-	7	8	-	4	4	-	
3	1	2	3	1	2	-	-	-	-	-	-	-	-	-	
90	99	4	42	46	2	5	5	-	10	10	1	33	38	1	民
8	5	3	3	2	1	-	-	-	1	1	-	4	2	2	
11	9	7	10	7	5	-	-	-	-	1	1	1	1	1	
46	43	9	25	23	4	4	2	2	4	5	1	13	13	2	
2	5	-	1	2	-	1	1	-	-	2	-	-	-	-	
78	76	2	38	36	2	14	14	-	14	14	-	12	12	-	
157	162	33	121	129	22	11	10	3	11	8	5	14	15	3	保
300	291	30	229	225	23	12	10	2	27	27	1	32	29	4	
134	131	22	104	104	17	5	5	-	13	13	1	12	9	4	
3 314	3 181	946	2 029	1 976	591	287	277	74	489	456	142	509	472	139	
234	202	107	127	118	60	27	23	10	46	32	23	34	29	14	
6 099	5 432	4 420	4 077	3 670	2 853	456	426	361	621	516	541	945	820	665	
527	510	396	307	296	237	63	58	49	71	71	59	86	85	51	
31	36	94	14	23	32	5	6	42	5	3	8	7	4	12	
23	19	6	14	14	2	3	2	1	2	1	1	4	2	2	
4 967	4 768	1 123	3 451	3 325	714	426	446	59	443	396	150	647	601	200	破
2	-	5	1	-	4	1	-	1	-	-	-	-	-	-	
741	715	313	539	524	216	36	33	18	54	55	28	112	103	51	
36	32	15	26	25	11	4	2	2	4	4	1	2	1	1	
-	-	-	-	-	-	-	-	-	-	-	-	-	-	-	
-	-	-	-	-	-	-	-	-	-	-	-	-	-	-	
-	-	-	-	-	-	-	-	-	-	-	-	-	-	-	
1 867	1 566	924	1 242	1 087	619	144	119	76	165	160	64	316	200	165	過
61	59	6	36	31	6	4	4	-	7	7	-	14	17	-	
4	6	-	2	4	-	-	-	-	2	2	-	-	-	-	
1 213	1 192	152	824	820	102	78	77	9	150	144	14	161	151	27	
76	77	47	52	53	43	9	9	-	7	9	1	8	6	3	
114	120	69	80	77	56	3	8	-	3	4	4	28	31	9	行
47	60	59	36	41	47	1	5	-	2	3	4	8	11	8	
-	-	-	-	-	-	-	-	-	-	-	-	-	-	-	
28	28	2	19	19	1	2	2	-	-	-	-	7	7	1	飛
-	-	-	-	-	-	-	-	-	-	-	-	-	-	-	
1	1	-	1	1	-	-	-	-	-	-	-	-	-	-	
38	31	8	24	16	8	-	1	-	1	1	-	13	13	-	

第4表　民事・行政事件数—事件の種類及び

事件の種類	高松高裁管内総数			高松			徳島			高知		
	新受	既済	未済	新受	既済	未済	新受	既済	未済	新受	既済	未済
民事・行政総数	14 931	14 565	7 764	3 987	3 969	2 125	2 897	2 742	1 603	2 527	2 513	1 327
民事総数	14 847	14 456	7 711	3 973	3 960	2 112	2 875	2 693	1 595	2 503	2 483	1 317
通常訴訟	2 450	2 281	2 199	642	654	573	468	470	467	370	352	336
人事訴訟	-	-	-	-	-	-	-	-	-	-	-	-
手形・小切手訴訟	-	-	-	-	-	-	-	-	-	-	-	-
控訴	161	152	71	57	56	16	29	17	20	25	34	16
再審（訴訟）	7	4	4	1	1	-	-	-	-	5	1	4
控訴提起	238	241	14	86	82	7	64	69	4	26	24	2
飛躍上告受理申立て	-	-	-	-	-	-	-	-	-	-	-	-
飛躍上告提起	-	-	-	-	-	-	-	-	-	-	-	-
上告提起	32	34	4	9	7	2	11	11	1	7	8	-
抗告	4	3	1	2	2	-	-	-	-	1	-	1
再審（抗告）	2	2	-	-	-	-	-	-	-	1	1	-
抗告提起	52	52	3	19	18	1	12	10	2	9	10	-
民事非訟	38	34	4	3	3	-	10	9	1	8	7	1
商事非訟 特別清算	12	11	5	3	2	3	4	5	-	1	1	-
その他	30	28	8	6	8	-	5	4	3	7	8	1
借地非訟	1	-	1	1	-	1	-	-	-	-	-	-
配偶者暴力等に関する保護命令	102	103	1	38	39	-	15	15	1	20	20	-
労働審判	58	60	20	21	18	8	10	10	3	8	8	4
保全命令	166	170	15	36	37	2	29	34	3	32	35	3
（うち仮処分）	63	62	13	10	9	2	15	17	3	16	17	3
配当等手続	2 325	2 229	795	741	715	255	356	310	146	246	243	97
強制執行 不動産	157	165	62	45	50	10	36	31	20	20	23	6
債権	4 115	3 872	2 669	1 024	941	746	747	678	487	730	712	398
担保権の実行としての競売等 不動産	434	409	322	107	120	67	102	89	86	78	56	66
債権	15	23	26	2	6	7	3	3	4	3	8	5
財産開示	11	13	-	3	3	-	-	1	-	1	1	-
破産	2 224	2 214	851	592	568	240	398	379	152	506	531	228
再生	5	1	11	3	-	3	1	-	3	-	-	1
小規模個人再生	389	376	208	98	98	63	101	113	36	65	48	39
給与所得者等再生	34	29	22	16	15	5	4	5	3	6	3	6
会社更生	-	-	-	-	-	-	-	-	-	-	-	-
承認援助	-	-	-	-	-	-	-	-	-	-	-	-
船舶所有者等責任制限	-	-	-	-	-	-	-	-	-	-	-	-
油濁損害賠償責任制限	-	-	-	-	-	-	-	-	-	-	-	-
簡易確定	-	-	-	-	-	-	-	-	-	-	-	-
過料	977	1 132	271	186	275	77	308	274	101	196	215	91
共助	48	55	1	9	11	-	2	2	-	4	6	-
仲裁関係	-	-	-	-	-	-	-	-	-	-	-	-
人身保護	1	1	-	-	-	-	1	1	-	-	-	-
雑	700	691	105	207	202	21	146	142	45	119	119	11
調停	59	71	18	16	29	5	13	11	7	9	9	1
行政総数	84	109	53	14	9	13	22	49	8	24	30	10
第一審訴訟	40	63	47	11	6	13	7	32	8	9	16	6
再審（訴訟）	1	-	1	-	-	-	-	-	-	1	-	1
控訴提起	28	30	-	2	2	-	14	14	-	8	9	-
飛躍上告受理申立て	-	-	-	-	-	-	-	-	-	-	-	-
飛躍上告提起・上告提起	-	-	-	-	-	-	-	-	-	-	-	-
再審（抗告）	-	-	-	-	-	-	-	-	-	-	-	-
抗告提起	3	3	-	-	-	-	-	-	-	-	-	-
共助	-	-	-	-	-	-	-	-	-	-	-	-
雑	12	13	5	1	1	-	1	3	-	6	5	3

新受，既済，未済―全地方裁判所及び地方裁判所別（続き）

松 山			
新 受	既 済	未 済	
5 520	5 341	2 709	総
5 496	5 320	2 687	民
970	805	823	
-	-	-	
-	-	-	
50	45	19	
1	2	-	
62	66	1	
-	-	-	
-	-	-	
5	8	1	上
1	1	-	
1	1	-	
12	14		民
17	15	2	
4	3	2	
12	8	4	
-	-	-	
29	29	-	
19	24	5	保
69	64	7	
22	19	5	
982	961	297	
56	61	26	
1 614	1 541	1 038	
147	144	103	
7	6	10	
7	8	-	
728	736	231	破
1	1	4	
125	117	70	
8	6	8	
-	-	-	
-	-	-	
-	-	-	
287	368	2	過
33	36	1	
-	-	-	
228	228	28	
21	22	5	
24	21	22	行
13	9	20	
-	-	-	
4	5	-	飛
-	-	-	
-	-	-	
3	3	-	
-	-	-	
4	4	2	

第5表　民事・行政事件数—事件の種類及び新受，既済，未済

事件の種類	全国総数			東京高裁管内総数			東京			横浜		
	新受	既済	未済	新受	既済	未済	新受	既済	未済	新受	既済	未済
民事・行政総数	884 831	885 303	103 363	502 917	503 890	55 136	338 569	339 363	37 512	36 711	36 405	4 084
民事総数	884 754	885 226	103 363	502 872	503 845	55 136	338 530	339 324	37 512	36 711	36 405	4 084
通常訴訟	344 101	337 800	78 678	187 492	182 681	41 958	134 620	130 049	29 487	13 658	13 047	3 152
手形・小切手訴訟	8	7	2	5	3	2	4	2	2	-	-	-
少額訴訟	8 542	8 668	2 006	4 387	4 451	990	2 402	2 485	503	504	518	103
少額訴訟判決に対する異議申立て	171	158	46	88	80	23	56	50	15	11	11	2
再審（訴訟）	23	34	9	10	10	5	4	4	2	1	1	-
控訴提起	3 771	3 720	280	1 499	1 462	143	740	708	91	209	213	15
少額異議判決に対する特別上告提起	10	10	2	3	3	1	1	2	-	-	-	-
飛躍上告提起	1	1	-	-	-	-	-	-	-	-	-	-
再審（抗告）	7	7	4	-	-	-	-	-	-	-	-	-
抗告提起	719	746	75	488	507	66	436	455	64	13	13	1
借地非訟	1	-	1	1	-	1	1	-	1	-	-	-
和解	2 280	2 270	260	953	949	135	441	437	55	166	163	29
督促	304 355	310 143	4 153	184 660	190 159	2 724	126 880	132 064	2 077	13 853	14 092	87
公示催告	704	722	254	285	294	111	164	166	77	20	23	6
保全命令	1 967	1 951	40	868	872	9	655	658	8	71	72	-
（うち仮処分）	685	683	9	451	452	4	413	413	4	4	5	-
少額訴訟債権執行	727	739	445	379	399	195	249	262	118	28	33	21
過料	54 603	55 315	5 903	32 415	32 478	3 617	14 344	14 427	2 096	693	684	56
共助	112	108	16	33	33	2	10	11	-	4	4	-
雑	132 888	133 111	2 351	77 780	78 030	1 492	51 801	51 978	1 091	6 195	6 225	150
調停	29 764	29 716	8 838	11 526	11 434	3 662	5 722	5 566	1 825	1 285	1 306	462
行政総数	77	77	-	45	45	-	39	39	-	-	-	-
共助	-	-	-	-	-	-	-	-	-	-	-	-
雑	77	77	-	45	45	-	39	39	-	-	-	-

事件の種類	静岡			甲府			長野			新潟		
	新受	既済	未済	新受	既済	未済	新受	既済	未済	新受	既済	未済
民事・行政総数	19 031	19 297	2 173	3 381	3 350	362	7 035	7 126	591	5 606	5 589	586
民事総数	19 031	19 297	2 173	3 381	3 350	362	7 035	7 126	591	5 605	5 588	586
通常訴訟	7 469	7 637	1 588	914	949	184	1 875	1 901	404	1 594	1 593	406
手形・小切手訴訟	1	1	-	-	-	-	-	-	-	-	-	-
少額訴訟	209	179	73	56	52	13	88	73	26	105	111	20
少額訴訟判決に対する異議申立て	3	4	1	1	1	-	1	1	-	1	1	-
再審（訴訟）	-	-	-	-	-	-	-	-	-	-	-	-
控訴提起	83	85	5	8	7	1	27	25	3	18	18	-
少額異議判決に対する特別上告提起	-	-	-	-	-	-	1	1	-	-	-	-
飛躍上告提起	-	-	-	-	-	-	-	-	-	-	-	-
再審（抗告）	-	-	-	-	-	-	-	-	-	-	-	-
抗告提起	4	5	-	-	-	-	3	3	-	1	1	-
借地非訟	-	-	-	-	-	-	-	-	-	-	-	-
和解	55	60	4	9	9	1	28	28	1	21	20	2
督促	5 835	5 960	55	1 182	1 194	8	2 563	2 601	22	2 318	2 329	10
公示催告	25	29	3	2	2	-	14	16	1	6	5	4
保全命令	25	25	-	2	2	-	10	10	-	5	5	-
（うち仮処分）	-	-	-	-	-	-	1	1	-	-	-	-
少額訴訟債権執行	17	18	4	1	1	-	3	3	2	8	9	2
過料	1 932	1 910	225	490	442	87	868	868	23	147	145	3
共助	-	-	-	-	-	-	-	-	-	16	15	1
雑	2 675	2 664	50	526	523	8	1 150	1 162	4	989	993	4
調停	698	720	165	190	168	60	404	435	104	376	343	134
行政総数	-	-	-	-	-	-	-	-	-	1	1	-
共助	-	-	-	-	-	-	-	-	-	-	-	-
雑	-	-	-	-	-	-	-	-	-	1	1	-

事件の種類	大津			和歌山			名古屋高裁管内総数			名古屋		
	新受	既済	未済	新受	既済	未済	新受	既済	未済	新受	既済	未済
民事・行政総数	6 236	6 145	834	3 603	3 567	371	56 767	56 872	6 092	31 971	31 924	3 690
民事総数	6 236	6 145	834	3 603	3 567	371	56 761	56 866	6 092	31 965	31 918	3 690
通常訴訟	1 609	1 553	461	900	875	254	17 373	17 194	4 418	10 794	10 572	2 844
手形・小切手訴訟	-	-	-	-	-	-	1	1	-	1	1	-
少額訴訟	51	51	14	43	39	11	801	826	187	463	490	102
少額訴訟判決に対する異議申立て	2	1	1	-	1	-	22	22	3	18	19	2
再審（訴訟）	-	-	-	-	-	-	-	-	-	-	-	-
控訴提起	33	31	5	24	24	-	375	371	20	205	203	11
少額異議判決に対する特別上告提起	-	-	-	-	1	1	1	1	-	1	1	-
飛躍上告提起	-	-	-	-	-	-	-	-	-	-	-	-
再審（抗告）	-	-	-	-	-	-	-	-	-	-	-	-
抗告提起	1	1	-	2	2	-	40	41	-	27	28	-
借地非訟	-	-	-	-	-	-	-	-	-	-	-	-
和解	12	12	1	12	13	-	179	168	20	98	92	11
督促	1 874	1 891	19	1 267	1 268	3	21 843	21 943	239	12 512	12 595	133
公示催告	1	3	-	9	6	3	95	100	31	53	60	12
保全命令	13	11	2	7	6	1	158	158	-	120	120	-
（うち仮処分）	-	-	-	-	-	-	34	34	-	27	27	-
少額訴訟債権執行	1	3	1	1	1	1	82	93	43	49	57	29
過料	1 510	1 477	211	457	442	17	3 136	3 228	217	740	744	46
共助	7	7	1	-	-	-	-	-	-	-	-	-
雑	799	803	13	661	661	7	9 696	9 718	72	5 412	5 432	32
調停	323	301	105	218	227	69	2 953	2 997	841	1 466	1 499	467
行政総数	-	-	-	-	-	-	6	6	-	6	6	-
共助	-	-	-	-	-	-	-	-	-	-	-	-
雑	-	-	-	-	-	-	6	6	-	6	6	-

—全簡易裁判所及び地方裁判所管内全簡易裁判所別

さいたま 新受	既済	未済	千葉 新受	既済	未済	水戸 新受	既済	未済	宇都宮 新受	既済	未済	前橋 新受	既済	未済	
33 791	33 873	3 374	26 261	26 269	2 836	12 303	12 489	1 000	12 670	12 567	1 789	7 559	7 562	829	総
33 788	33 870	3 374	26 261	26 269	2 836	12 303	12 489	1 000	12 668	12 565	1 789	7 559	7 562	829	民
9 478	9 481	2 191	7 614	7 688	1 874	3 224	3 345	749	4 867	4 760	1 367	2 179	2 231	556	
365	367	81	349	336	104	120	133	28	102	114	16	87	83	23	
6	4	2	3	2	1	2	1	2	3	3	-	1	2	-	
1	1	-	2	-	2	-	-	-	2	4	1	-	-	-	
127	125	7	126	120	12	52	53	2	60	62	4	49	46	3	
-	-	-	-	-	-	-	-	-	-	-	-	1	1	-	
-	-	-	-	-	-	-	-	-	-	-	-	-	-	-	飛
16	15	1	4	4	-	1	1	-	7	7	-	3	3	-	
-	-	-	-	-	-	-	-	-	-	-	-	-	-	-	
47	45	8	86	75	21	58	70	6	22	24	3	20	18	5	
11 173	11 149	98	10 419	10 328	275	4 801	4 825	31	2 707	2 693	32	2 929	2 924	29	
17	18	5	20	16	11	5	6	2	9	10	1	3	3	1	公
58	58	-	19	20	-	10	9	1	3	3	-	10	10	-	
28	28	-	4	4	-							1	1	-	
28	31	12	23	19	22	10	9	3	5	4	4	7	10	7	
6 530	6 593	637	2 255	2 290	120	1 285	1 287	36	3 226	3 245	247	645	587	87	
3	2	1	-	-	-	-	-	-	-	-	-	-	1	-	
5 081	5 093	30	4 521	4 534	105	2 239	2 243	16	1 276	1 278	15	1 327	1 337	19	
858	888	301	820	837	289	496	507	124	379	358	99	298	306	99	調
3	3	-	-	-	-	-	-	-	2	2	-	-	-	-	行
3	3	-	-	-	-	-	-	-	2	2	-	-	-	-	

大阪高裁管内総数 新受	既済	未済	大阪 新受	既済	未済	京都 新受	既済	未済	神戸 新受	既済	未済	奈良 新受	既済	未済	
132 089	132 521	18 996	75 496	75 576	11 154	15 063	15 128	2 694	27 382	27 801	3 333	4 309	4 304	610	総
132 078	132 510	18 996	75 486	75 566	11 154	15 063	15 128	2 694	27 381	27 800	3 333	4 309	4 304	610	民
60 592	60 586	14 108	43 147	43 274	9 114	7 951	7 968	2 229	5 706	5 674	1 582	1 279	1 242	468	
1	2	-	1	2	-										
1 310	1 317	378	708	704	193	182	194	47	290	286	100	36	43	13	
35	34	9	22	20	7	6	6	1	5	5	-	-	1	-	
7	20	2	4	5	1	2	2	1	1	13	-	-	-	-	
831	821	67	381	396	13	205	188	32	148	141	17	40	41	-	
5	4	1	-	-	-	3	3	-	1	-	1	-	-	-	
1	1	-										1	1	-	飛
7	7	4	1	1	-	-	-	-	6	6	4	-	-	-	
87	91	3	38	43	2	23	22	1	17	17	-	6	6	-	
546	565	60	362	373	46	69	72	6	76	77	6	15	18	1	
35 384	35 490	340	18 262	18 317	163	3 600	3 594	50	8 764	8 778	88	1 617	1 642	12	
151	156	48	92	90	30	22	29	4	27	28	9	-	-	2	公
508	485	26	406	388	20	23	23	1	50	49	1	9	8	1	
60	59	1	57	56	1	1	1	-	1	1	-				
110	97	124	71	51	109	21	28	5	14	12	8	2	2	-	
10 655	11 055	1 360	742	739	59	395	395	16	7 227	7 674	1 035	324	328	22	
22	20	4	3	2	1	-	-	-	8	8	1	3	2	1	
16 648	16 609	334	8 595	8 579	191	1 852	1 859	42	3 954	3 929	57	787	778	24	
5 178	5 150	2 128	2 651	2 582	1 205	709	745	259	1 087	1 103	424	190	192	66	調
11	11	-	10	10	-	-	-	-	1	1	-	-	-	-	行
11	11	-	10	10	-	-	-	-	1	1	-	-	-	-	

津 新受	既済	未済	岐阜 新受	既済	未済	福井 新受	既済	未済	金沢 新受	既済	未済	富山 新受	既済	未済	
8 306	8 481	773	6 937	7 048	666	2 657	2 586	322	3 687	3 672	313	3 209	3 161	328	総
8 306	8 481	773	6 937	7 048	666	2 657	2 586	322	3 687	3 672	313	3 209	3 161	328	民
1 860	1 949	502	1 755	1 806	414	962	883	237	1 001	978	218	1 001	1 006	203	
69	70	19	90	88	27	37	41	9	69	69	11	73	68	19	
-	-	-	3	3	-							1	-	1	
46	47	3	29	29	-	23	22	2	45	43	3	27	27	1	
-	-	-												-	飛
5	5	-	1	1	-	4	4	-	1	1	-	2	2	-	
28	24	6	19	19	1	11	9	2	21	22	-	2	2	-	
2 874	2 889	9	2 846	2 871	41	942	939	20	1 454	1 450	18	1 215	1 199	18	
9	9	5	6	10	2	3	3	-	15	13	5	9	5	5	公
7	7	-	6	6	-	4	4	-	12	12	-	9	9	-	
6	6	3	8	8	1	3	2	2	3	7	6	13	13	2	
1 713	1 769	117	397	419	47	62	63	-	183	193	5	41	40	2	
1 331	1 332	9	1 342	1 350	12	416	414	5	644	640	8	551	550	6	
358	374	100	435	438	121	190	202	43	239	244	39	265	240	71	調
-	-	-	-	-	-	-	-	-	-	-	-	-	-	-	行

第5表　民事・行政事件数―事件の種類及び新受，既済，未済

事件の種類	広島高裁管内総数			広島			山口			岡山		
	新受	既済	未済	新受	既済	未済	新受	既済	未済	新受	既済	未済
民事・行政総数	29 481	29 518	3 564	12 795	12 751	1 510	4 152	4 139	472	8 442	8 483	1 207
民事総数	29 481	29 518	3 564	12 795	12 751	1 510	4 152	4 139	472	8 442	8 483	1 207
通常訴訟	10 718	10 599	2 746	4 885	4 752	1 192	1 305	1 313	342	3 090	3 100	906
手形・小切手訴訟	-	-	-	-	-	-	-	-	-	-	-	-
少額訴訟	483	483	128	227	216	62	57	52	17	141	148	41
少額訴訟判決に対する異議申立て	3	5	1	2	3	-	-	1	-	-	-	1
再審（訴訟）	-	-	-	-	-	-	-	-	-	-	-	-
控訴提起	215	219	4	93	95	-	33	34	-	78	79	3
少額異議判決に対する特別上告提起	-	-	-	-	-	-	-	-	-	-	-	-
飛躍上告提起	-	-	-	-	-	-	-	-	-	-	-	-
再審（抗告）	-	-	-	-	-	-	-	-	-	-	-	-
抗告提起	21	24	2	4	5	-	2	2	-	6	9	1
借地非訟	-	-	-	-	-	-	-	-	-	-	-	-
和解	68	70	7	25	23	3	12	16	1	27	27	3
督促	10 046	10 077	100	4 130	4 111	57	1 615	1 610	20	2 761	2 798	15
公示催告	29	34	12	9	13	3	7	6	2	7	9	4
保全命令	99	101	-	32	32	-	7	8	-	48	48	-
（うち仮処分）	44	44	-	6	6	-	3	3	-	35	35	-
少額訴訟債権執行	27	23	17	12	11	9	3	2	1	8	6	5
過料	1 257	1 330	86	786	876	51	133	130	6	293	274	29
共助	25	25	4	1	1	-	5	5	1	17	17	3
雑	4 737	4 764	65	1 979	1 991	13	685	687	9	1 311	1 329	33
調停	1 753	1 764	392	610	622	120	288	273	73	655	639	163
行政総数	-	-	-	-	-	-	-	-	-	-	-	-
共助	-	-	-	-	-	-	-	-	-	-	-	-
雑	-	-	-	-	-	-	-	-	-	-	-	-

事件の種類	長崎			大分			熊本			鹿児島		
	新受	既済	未済	新受	既済	未済	新受	既済	未済	新受	既済	未済
民事・行政総数	4 937	4 929	419	5 651	5 625	661	7 948	7 867	773	6 538	6 622	570
民事総数	4 937	4 929	419	5 651	5 625	661	7 948	7 867	773	6 538	6 622	570
通常訴訟	1 441	1 439	313	2 070	2 053	504	2 394	2 274	606	2 015	2 029	467
手形・小切手訴訟	-	-	-	-	-	-	-	-	-	-	1	1
少額訴訟	76	71	20	66	69	13	95	92	20	64	66	10
少額訴訟判決に対する異議申立て	2	1	1	2	2	-	-	-	-	-	1	1
再審（訴訟）	-	-	-	-	-	-	-	-	-	-	-	-
控訴提起	33	34	1	31	31	3	51	55	2	33	32	1
少額異議判決に対する特別上告提起	-	-	-	-	-	-	-	-	-	-	-	-
飛躍上告提起	-	-	-	-	-	-	-	-	-	-	-	-
再審（抗告）	-	-	-	-	-	-	-	-	-	-	-	-
抗告提起	-	-	-	3	3	-	-	-	-	5	7	-
借地非訟	-	-	-	-	-	-	-	-	-	-	-	-
和解	17	15	2	16	17	-	65	64	1	18	18	-
督促	1 992	1 998	8	1 846	1 849	11	3 124	3 127	27	2 645	2 679	26
公示催告	4	5	-	5	5	-	4	3	1	4	4	-
保全命令	9	10	-	8	7	1	8	9	-	19	19	-
（うち仮処分）	1	2	-	2	1	1	2	2	-	7	7	-
少額訴訟債権執行	6	7	1	4	4	2	9	9	1	6	4	2
過料	90	92	4	286	286	15	229	249	16	179	183	6
共助	1	1	-	6	6	-	-	-	-	4	4	1
雑	937	939	7	811	814	6	1 438	1 432	16	1 215	1 237	9
調停	329	317	62	497	479	106	531	553	83	329	339	47
行政総数	-	-	-	-	-	-	-	-	-	-	-	-
共助	-	-	-	-	-	-	-	-	-	-	-	-
雑	-	-	-	-	-	-	-	-	-	-	-	-

事件の種類	山形			盛岡			秋田			青森		
	新受	既済	未済	新受	既済	未済	新受	既済	未済	新受	既済	未済
民事・行政総数	3 588	3 588	291	3 862	3 944	308	2 922	2 904	278	4 261	4 303	349
民事総数	3 588	3 588	291	3 862	3 944	308	2 922	2 904	278	4 260	4 302	349
通常訴訟	784	809	166	1 118	1 133	225	812	800	183	1 227	1 217	275
手形・小切手訴訟	-	-	-	-	-	-	-	-	-	-	-	-
少額訴訟	33	37	3	31	36	2	10	16	1	32	34	3
少額訴訟判決に対する異議申立て	-	-	-	1	1	-	-	-	-	1	-	1
再審（訴訟）	-	-	-	1	1	-	-	-	-	1	1	-
控訴提起	22	24	-	11	11	-	5	4	1	21	20	2
少額異議判決に対する特別上告提起	-	-	-	-	-	-	-	-	-	-	-	-
飛躍上告提起	-	-	-	-	-	-	-	-	-	-	-	-
再審（抗告）	-	-	-	-	-	-	-	-	-	-	-	-
抗告提起	-	-	-	-	5	-	-	-	-	5	5	-
借地非訟	-	-	-	-	-	-	-	-	-	-	-	-
和解	3	3	1	10	11	-	7	6	2	28	29	1
督促	1 379	1 360	26	1 345	1 357	4	1 252	1 239	20	1 612	1 634	5
公示催告	6	7	-	7	7	3	2	3	-	8	5	3
保全命令	-	-	-	2	2	-	1	1	-	7	7	-
（うち仮処分）	-	-	-	-	-	-	-	-	-	1	1	2
少額訴訟債権執行	4	4	1	3	2	1	4	3	3	1	2	-
過料	487	479	31	460	481	3	65	64	8	224	240	3
共助	-	-	-	-	-	-	-	-	-	-	-	-
雑	646	649	5	622	621	8	547	546	8	864	867	3
調停	224	216	58	246	276	62	217	222	52	229	241	53
行政総数	-	-	-	-	-	-	-	-	-	1	1	-
共助	-	-	-	-	-	-	-	-	-	-	-	-
雑	-	-	-	-	-	-	-	-	-	1	1	-

—全簡易裁判所及び地方裁判所管内全簡易裁判所別（続き）

鳥取 新受	既済	未済	松江 新受	既済	未済	福岡高裁管内総数 新受	既済	未済	福岡 新受	既済	未済	佐賀 新受	既済	未済	
2 405	2 426	241	1 687	1 719	134	88 186	87 382	11 041	44 386	43 578	6 723	3 090	3 073	292	総
2 405	2 426	241	1 687	1 719	134	88 175	87 371	11 041	44 377	43 569	6 723	3 090	3 073	292	民
918	916	200	520	518	106	40 318	39 395	9 084	26 467	25 689	5 969	848	807	211	
–	–	–	–	–	–	1	1	–	–	–	–	–	–	–	
31	38	2	27	29	6	691	683	154	205	219	41	41	38	11	
1	1	–	–	–	–	9	5	5	2	2	–	–	–	1	
–	–	–	–	–	–	–	–	–	–	–	–	–	–	–	
–	–	–	–	–	–	2	–	2	2	–	2	–	–	–	
6	7	–	5	4	1	429	433	23	219	222	12	13	12	2	
–	–	–	–	–	–	–	–	–	–	–	–	–	–	–	飛
8	8	–	1	–	1	30	32	1	14	14	1	2	2	–	
2	2	–	2	2	–	338	318	29	181	160	25	16	19	–	
846	851	3	694	707	5	26 063	26 137	298	9 918	9 915	150	1 097	1 106	2	公
4	4	2	2	2	1	61	65	18	27	36	8	2	1	1	
3	3	–	9	10	–	175	175	4	108	106	3	8	8	–	
–	–	–	–	–	–	54	51	4	37	34	3	1	1	–	
4	2	2	–	2	–	35	35	30	7	7	23	2	2	–	
20	22	–	25	28	–	3 626	3 701	389	967	995	53	388	393	29	
–	–	–	2	2	–	22	22	4	9	10	1	–	–	1	
442	438	6	320	319	4	12 106	12 117	180	4 551	4 543	93	531	532	6	
120	134	26	80	96	10	4 269	4 252	820	1 700	1 651	342	142	153	28	調
–	–	–	–	–	–	11	11	–	9	9	–	–	–	–	行
–	–	–	–	–	–	11	11	–	9	9	–	–	–	–	

宮崎 新受	既済	未済	那覇 新受	既済	未済	仙台高裁管内総数 新受	既済	未済	仙台 新受	既済	未済	福島 新受	既済	未済	
4 770	4 763	398	10 866	10 925	1 205	32 736	32 850	3 258	11 005	10 977	1 432	7 098	7 134	600	総
4 769	4 762	398	10 865	10 924	1 205	32 735	32 849	3 258	11 005	10 977	1 432	7 098	7 134	600	民
1 398	1 378	326	3 685	3 726	688	10 149	10 153	2 292	4 097	4 047	1 024	2 111	2 147	419	
44	42	9	100	86	30	287	321	44	98	106	19	83	92	16	
–	–	–	2	–	2	4	2	2	2	1	1	–	–	–	
–	–	–	–	–	–	3	3	–	1	1	–	–	–	–	
20	20	–	29	27	2	116	116	4	31	31	–	26	26	1	
–	–	–	–	–	–	–	–	–	–	–	–	–	–	–	飛
2	2	–	4	4	–	22	19	3	8	5	3	4	4	–	
–	–	–	–	–	–	–	–	–	–	–	–	–	–	–	
9	9	1	16	16	–	82	85	5	23	23	1	11	13	–	
2 017	2 007	19	3 424	3 456	55	11 778	11 774	138	3 492	3 504	54	2 698	2 680	29	公
6	3	3	9	8	5	40	37	13	8	9	2	9	6	5	
5	6	–	10	10	–	48	48	–	26	26	–	12	12	–	
2	2	–	2	2	–	18	18	–	15	15	–	2	2	–	
–	–	1	1	–	2	28	28	10	8	9	2	8	8	3	
75	84	2	1 412	1 419	264	2 806	2 804	201	1 119	1 092	128	451	448	28	
1	–	1	1	–	1	–	–	–	–	–	–	–	–	–	
952	957	5	1 671	1 663	38	5 460	5 464	56	1 511	1 509	22	1 270	1 272	10	
240	254	31	501	506	121	1 912	1 995	490	581	614	176	415	426	89	調
1	1	–	1	1	–	1	1	–	–	–	–	–	–	–	行
1	1	–	1	1	–	1	1	–	–	–	–	–	–	–	

札幌高裁管内総数 新受	既済	未済	札幌 新受	既済	未済	函館 新受	既済	未済	旭川 新受	既済	未済	釧路 新受	既済	未済	
26 833	26 542	3 551	20 290	20 027	2 974	1 477	1 487	126	2 164	2 149	206	2 902	2 879	245	総
26 830	26 539	3 551	20 287	20 024	2 974	1 477	1 487	126	2 164	2 149	206	2 902	2 879	245	民
12 031	11 837	2 838	9 954	9 752	2 424	485	489	97	713	720	142	879	876	175	
297	291	61	202	196	46	30	31	1	26	21	8	39	43	6	
7	6	2	5	4	2	–	–	–	1	1	–	1	1	–	
153	152	8	121	121	7	6	6	–	12	12	–	14	13	1	
–	–	–	–	–	–	–	–	–	–	–	–	–	–	–	飛
27	28	–	13	13	–	2	2	–	8	8	–	4	5	–	
–	–	–	–	–	–	–	–	–	–	–	–	–	–	–	
82	83	2	54	56	–	3	3	–	13	13	–	12	11	2	
8 809	8 816	195	6 237	6 252	159	541	543	7	857	851	16	1 174	1 170	13	公
25	20	16	21	17	13	4	1	3	–	1	–	–	–	1	
94	94	1	74	73	1	7	8	–	6	6	–	7	7	–	
21	21	–	21	21	–	–	–	–	–	–	–	–	–	–	
35	30	16	29	23	16	2	3	–	1	1	–	3	3	–	
266	279	18	137	150	15	35	35	–	39	38	1	55	56	2	
3	3	2	3	2	1	–	–	–	–	–	–	–	–	–	
3 862	3 824	114	2 683	2 648	103	292	292	1	361	360	5	526	524	5	
1 139	1 077	279	754	717	187	70	74	17	127	117	34	188	169	41	調
3	3	–	3	3	–	–	–	–	–	–	–	–	–	–	行
3	3	–	3	3	–	–	–	–	–	–	–	–	–	–	

第5表　民事・行政事件数—事件の種類及び新受，既済，未済

事件の種類	高松高裁管内総数			高　松			徳　島			高　知		
	新受	既済	未済	新受	既済	未済	新受	既済	未済	新受	既済	未済
民事・行政総数	15 822	15 728	1 725	3 912	3 953	440	2 613	2 598	299	2 560	2 584	284
民事総数	15 822	15 728	1 725	3 912	3 953	440	2 613	2 598	299	2 560	2 584	284
通常訴訟	5 428	5 355	1 234	1 282	1 314	317	724	700	201	749	747	207
手形・小切手訴訟	–	–	–	–	–	–	–	–	–	–	–	–
少額訴訟	286	296	64	91	91	20	53	59	11	51	53	12
少額訴訟判決に対する異議申立て	3	4	1	1	1	1	1	1	–	–	–	–
再審（訴訟）	1	1	–	–	–	–	1	1	–	–	–	–
控訴提起	153	146	11	54	52	2	24	25	1	29	24	5
少額異議判決に対する特別上告提起	1	2	–	–	1	–	1	1	–	–	–	–
飛躍上告提起	–	–	–	–	–	–	–	–	–	–	–	–
再審（抗告）	–	–	–	–	–	–	–	–	–	–	–	–
抗告提起	4	4	–	2	2	–	–	–	–	1	1	–
借地非訟	–	–	–	–	–	–	–	–	–	–	–	–
和解	32	32	2	9	8	1	9	9	–	8	9	1
督促	5 772	5 747	119	1 450	1 472	16	917	923	13	1 030	1 040	7
公示催告	18	16	5	2	3	1	3	3	–	7	5	3
保全命令	17	18	–	4	5	–	3	3	–	4	4	–
（うち仮処分）	3	4	–	1	2	–	1	1	–	1	1	–
少額訴訟債権執行	31	34	10	8	9	2	5	6	1	4	6	1
過料	442	440	15	69	66	5	234	231	6	53	53	4
共助	1	1	–	1	1	–	–	–	–	–	–	–
雑	2 599	2 585	38	654	653	6	422	422	4	436	432	12
調停	1 034	1 047	226	285	275	69	216	214	62	188	210	32
行政総数	–	–	–	–	–	–	–	–	–	–	–	–
共助	–	–	–	–	–	–	–	–	–	–	–	–
雑	–	–	–	–	–	–	–	–	–	–	–	–

―全簡易裁判所及び地方裁判所管内全簡易裁判所別（続き）

松　　山			
新　受	既　済	未　済	
6 737	6 593	702	総
6 737	6 593	702	民
2 673	2 594	509	
–	–	–	
91	93	21	
1	2	–	
–	–	–	
46	45	3	
–	–	–	
–	–	–	飛
–	–	–	
1	1	–	
–	–	–	
6	6	–	
2 375	2 312	83	公
6	5	1	
6	6	–	
–	–	–	
14	13	6	
86	90	–	
–	–	–	
1 087	1 078	16	
345	348	63	調
–	–	–	行
–	–	–	
–	–	–	

第6表　　第一審通常訴訟未済事件数—審理期間別—全簡易裁判所

本表は，少額訴訟から通常移行したものを含む。

総数	6月以内	1年以内	2年以内	3年以内	4年以内	5年以内	5年を超える
79 302	72 828	5 327	1 086	39	4	5	13

第8表　第一審通常訴訟既済事件数—

本表は，少額訴訟から

事件の種類	総数	判決						
		総数	対席			欠席		
			認容	棄却	却下	認容	棄却	却下
総　　　　　数	339 903	140 615	40 920	2 678	38	96 872	27	63
金銭を目的とする訴え	330 657	134 376	39 271	2 606	34	92 365	27	58
建物を目的とする訴え	4 857	3 404	724	18	–	2 661	–	–
土地を目的とする訴え	1 755	1 420	555	21	–	843	–	1
その他の訴え	2 634	1 415	370	33	4	1 003	–	4

第9表　少額訴訟既済事件数—

本表は，少額訴訟から

事件の種類	総数	判決						
		総数	対席			欠席		
			認容	棄却	却下	認容	棄却	却下
総　　　　　数	6 565	2 920	738	239	2	1 928	8	5
金銭を目的とする訴え	6 565	2 920	738	239	2	1 928	8	5
うち								
売　買　代　金	697	337	78	4	–	254	–	1
貸　　　　金	821	401	107	15	–	279	–	–
立替金・求償金等	29	13	1	–	–	12	–	–
（信販関係事件に限る）								
交通事故による損害賠償	433	156	43	4	–	109	–	–
その他の損害賠償	633	248	77	99	1	67	2	2
手形・小切手金	–	–	–	–	–	–	–	–

第7表　第一審通常訴訟新受事件数—事件の種類別—全簡易裁判所

総数	金銭を目的とする訴え	建物を目的とする訴え	土地を目的とする訴え	その他の訴え
344 101	334 550	5 232	1 795	2 524

事件の種類及び終局区分別—全簡易裁判所

通常移行したものを含む。

その他	決定	命令	和解	放棄	認諾	取下げ	その他	
17	50 309	183	35 121	130	72	112 033	1 440	総
15	50 042	178	34 325	129	61	110 109	1 437	
1	78	3	570	-	1	801	-	
-	72	-	92	-	7	163	1	
1	117	2	134	1	3	960	2	

事件の種類及び終局区分別—全簡易裁判所

通常移行したものを含まない。

その他	決定	命令	和解	放棄	認諾	取下げ	その他	
-	383	76	1 500	2	-	1 678	6	総
-	383	76	1 500	2	-	1 678	6	金
-	57	7	86	-	-	209	1	
-	57	17	154	1	-	191	-	
-	7	-	2	-	-	7	-	
-	16	3	147	-	-	111	-	
-	36	12	202	-	-	135	-	
-	-	-	-	-	-	-	-	

第10表　　第一審通常訴訟既済事件数―終局区分及び審理期間別
　　　　　―全簡易裁判所

本表は，少額訴訟から通常移行したものを含む。

終　局　区　分	総数	1月以内	2月以内	3月以内	6月以内	1年以内	2年以内	3年以内	4年以内	5年以内	5年を超える
総　　　　　数	339 903	40 374	117 148	92 234	68 359	18 516	3 175	74	11	5	7
判　　　　　決	140 615	1 618	63 400	38 024	28 392	7 413	1 720	40	6	1	1
対　　　　　席	43 636	274	12 515	9 684	13 003	6 431	1 682	39	6	1	1
欠　　　　　席	96 962	1 343	50 877	28 339	15 383	981	38	1	-	-	-
和　　　　　解	35 121	511	13 463	5 903	7 535	6 744	952	13	-	-	-
そ　の　　他	164 167	38 245	40 285	48 307	32 432	4 359	503	21	5	4	6

第11表　　第一審通常訴訟既済事件数―事件の種類及び審理期間別
　　　　　―全簡易裁判所

本表は，少額訴訟から通常移行したものを含む。

事　件　の　種　類	総数	1月以内	2月以内	3月以内	6月以内	1年以内	2年以内	3年以内	4年以内	5年以内	5年を超える
総　　　　　数	339 903	40 374	117 148	92 234	68 359	18 516	3 175	74	11	5	7
金銭を目的とする訴え	330 657	39 733	114 359	89 520	65 851	18 039	3 069	67	9	4	6
建物を目的とする訴え	4 857	204	1 322	1 596	1 495	205	34	-	1	-	-
土地を目的とする訴え	1 755	67	485	529	491	134	43	4	-	1	1
その他の訴え	2 634	370	982	589	522	138	29	3	1	-	-

第12表　　第一審通常訴訟既済事件のうち口頭弁論を経た事件数
　　　　　―口頭弁論の実施回数別―全簡易裁判所

本表は，少額訴訟から通常移行したものを含む。

口頭弁論を経た事件総数	1回	2回	3回	4回	5回	6回	7回	8回	9回	10回	11〜15回	16回以上
256 539	187 727	38 641	12 376	6 774	4 502	2 793	1 629	948	524	278	321	26

第13表　第一審通常訴訟既済事件数—事件の種類，弁護士等選任状況及び司法委員関与のあった事件数別—全簡易裁判所

本表は，少額訴訟から通常移行したものを含む。

事件の種類	総数	弁護士又は司法書士を付けたもの 総数	双方 双方弁護士	双方 原告側弁護士・被告側司法書士	双方 原告側司法書士・被告側弁護士	双方 双方司法書士	一方 原告側弁護士	一方 原告側司法書士	一方 被告側弁護士	一方 被告側司法書士	当事者本人によるもの	司法委員関与のあったもの
総　　　数	339 903	84 597	19 672	290	1 056	79	26 987	12 219	19 813	4 481	255 306	34 096
金銭を目的とする訴え	330 657	78 624	19 376	280	964	52	24 855	8 950	19 673	4 474	252 033	33 125
建物を目的とする訴え	4 857	3 747	126	1	44	3	1 327	2 215	30	1	1 110	689
土地を目的とする訴え	1 755	1 541	72	8	40	23	408	964	25	1	214	115
その他の訴え	2 634	685	98	1	8	1	397	90	85	5	1 949	167

第14表　少額訴訟既済事件数—事件の種類，弁護士等選任状況及び司法委員関与のあった事件数別—全簡易裁判所

本表は，少額訴訟から通常移行したものを含まない。

事件の種類	総数	弁護士又は司法書士を付けたもの 総数	双方 双方弁護士	双方 原告側弁護士・被告側司法書士	双方 原告側司法書士・被告側弁護士	双方 双方司法書士	一方 原告側弁護士	一方 原告側司法書士	一方 被告側弁護士	一方 被告側司法書士	当事者本人によるもの	司法委員関与のあったもの
総　　　数	6 565	869	19	2	1	－	433	147	244	23	5 696	2 327
金銭を目的とする訴え	6 565	869	19	2	1	－	433	147	244	23	5 696	2 327
うち												
売買代金	697	56	1	－	－	－	38	10	6	1	641	167
貸金	821	80	1	1	－	－	38	19	16	5	741	287
立替金・求償金等（信販関係事件に限る）	29	9	－	－	－	－	9	－	－	－	20	4
交通事故による損害賠償	433	92	9	－	－	－	61	－	22	－	341	210
その他の損害賠償	633	118	4	－	－	－	32	4	76	2	515	298
手形・小切手金	－	－	－	－	－	－	－	－	－	－	－	－

第15表　第一審通常訴訟既済事件の証拠調べ—事件の種類別—全簡易裁判所

本表は，少額訴訟から通常移行したものを含む。

事件の種類	事件総数	証人 件数（件）	証人 延べ人員（人）	当事者尋問 件数（件）	当事者尋問 延べ人員（人）	鑑定（件）	検証（件）
総　　　数	339 903	864	1 071	3 373	5 662	13	14
金銭を目的とする訴え	330 657	833	1 030	3 301	5 556	11	13
建物を目的とする訴え	4 857	10	15	22	31	－	－
土地を目的とする訴え	1 755	18	23	34	47	2	1
その他の訴え	2 634	3	3	16	28	－	－

34

第 16 表　　少額訴訟既済事件の証拠調べ―事件の種類別―全簡易裁判所

本表は，少額訴訟から通常移行したものを含まない。

事　件　の　種　類	証　　　　　人		当　事　者　尋　問	
	件数（件）	延べ人員（人）	件数（件）	延べ人員（人）
総　　　　　　　数	35	41	65	93
金 銭 を 目 的 と す る 訴 え	35	41	65	93
う ち				
売　買　代　金	-	-	1	2
貸　　　　金	2	2	3	4
立 替 金 ・ 求 償 金 等	-	-	-	-
（信 販 関 係 事 件 に 限 る）				
交 通 事 故 に よ る 損 害 賠 償	8	9	17	25
そ の 他 の 損 害 賠 償	4	5	13	21
手 形 ・ 小 切 手 金	-	-	-	-

第 17 表　　第一審通常訴訟未済事件数—審理期間別—全地方裁判所

総数	6月以内	1年以内	2年以内	3年以内	4年以内	5年以内	5年を超える
104 060	49 700	23 461	21 113	6 361	2 088	690	647

第 18 表　　第一審通常訴訟新受事件数—事件の種類別—全地方裁判所

総数	人とする目的の訴え	金銭とする目的の訴え	建築請負代金等	建築瑕疵損害賠償による	医療行為による損害賠償	公害に賠よる損害償	労働に関する訴え	知的財産権に関する訴え	その他	建物とする目的の訴え	土地とする目的の訴え	労働に関する訴え（金銭目的以外）	知的財産権に関する訴え（金銭目的以外）	公害に係る差止めの訴え	共通義務確認の訴え	その他の訴え
134 934	–	92 374	1 576	494	810	79	2 742	263	86 410	26 137	6 795	873	243	6	2	8 504

第19表　第一審通常訴訟既済事件数—事件の種類及び終局区分別 —全地方裁判所

事件の種類	総数	判決 総数	対席 認容	対席 棄却	対席 却下	欠席 認容	欠席 棄却	欠席 却下	その他	決定	命令	和解	放棄	認諾	取下げ	その他
総　　　　　数	131 560	57 543	24 896	7 652	174	24 541	81	158	41	1 111	757	50 626	227	415	19 413	1 468
人事を目的とする訴え	-	-	-	-	-	-	-	-	-	-	-	-	-	-	-	-
金銭を目的とする訴え	89 898	32 291	15 831	6 084	78	10 124	58	94	22	919	562	41 710	157	211	12 944	1 104
うち建築請負代金等	1 416	531	338	67	1	124	1	-	-	25	1	591	1	5	238	24
建築瑕疵による損害賠償	448	125	59	54	-	11	1	-	-	2	-	174	-	-	140	7
医療行為による損害賠償	821	247	42	203	-	-	1	1	-	3	13	473	4	-	39	42
公害による損害賠償	64	19	6	10	1	2	-	-	-	1	1	36	-	-	7	-
労働に関する訴え	2 571	580	335	192	-	51	1	-	1	31	4	1 705	5	1	198	47
知的財産権に関する訴え	288	129	31	86	-	7	3	2	-	6	5	94	2	-	47	5
そ　　の　　他	84 290	30 660	15 020	5 472	76	9 929	51	91	21	851	538	38 637	145	205	12 275	979
建物を目的とする訴え	25 109	17 104	5 151	194	4	11 748	5	-	2	24	3	4 226	17	96	3 596	43
土地を目的とする訴え	6 948	4 335	1 951	390	10	1 968	7	-	9	36	10	1 623	15	65	836	28
労働に関する訴え（金銭を目的とする訴えを除く）	866	249	118	121	2	7	1	-	-	9	3	526	1	4	64	10
知的財産権に関する訴え（金銭を目的とする訴えを除く）	258	104	59	39	1	4	1	-	-	1	1	93	3	-	52	4
公害に係る差止めの訴え	5	1	-	1	-	-	-	-	-	1	-	1	-	-	1	1
共通義務確認の訴え	-	-	-	-	-	-	-	-	-	-	-	-	-	-	-	-
そ　の　他　の　訴　え	8 476	3 459	1 786	823	79	690	9	64	8	121	178	2 447	34	39	1 920	278

第20表　第一審通常訴訟既済事件数―終局区分及び審理期間別 ―全地方裁判所

終　局　区　分	総数	1月以内	2月以内	3月以内	6月以内	1年以内	2年以内	3年以内	4年以内	5年以内	5年を超える
総　　　　数	131 560	4 777	16 927	20 977	27 203	26 950	24 854	7 148	1 844	581	299
判　　　　決	57 543	65	9 540	13 710	12 903	7 139	9 366	3 473	883	308	156
対　　　席	32 722	12	2 526	3 858	6 135	6 246	9 153	3 448	881	308	155
欠　　　席	24 780	50	7 010	9 849	6 759	886	207	18	1	–	–
和　　　解	50 626	71	3 060	4 138	8 596	16 737	13 687	3 148	821	237	131
そ　の　他	23 391	4 641	4 327	3 129	5 704	3 074	1 801	527	140	36	12

第21表　第一審通常訴訟既済事件数―事件の種類及び審理期間別 ―全地方裁判所

事　件　の　種　類	総数	1月以内	2月以内	3月以内	6月以内	1年以内	2年以内	3年以内	4年以内	5年以内	5年を超える
総　　　　数	131 560	4 777	16 927	20 977	27 203	26 950	24 854	7 148	1 844	581	299
人事を目的とする訴え	–	–	–	–	–	–	–	–	–	–	–
金銭を目的とする訴え	89 898	2 967	8 342	10 286	17 778	22 320	20 304	5 697	1 466	475	263
うち建築請負代金等	1 416	33	109	109	164	253	417	213	76	27	15
建築瑕疵による損害賠償	448	1	8	2	22	50	164	112	47	27	15
医療行為による損害賠償	821	40	15	11	34	95	229	211	108	52	26
公害による損害賠償	64	2	2	2	10	14	22	7	–	2	3
労働に関する訴え	2 571	58	91	100	226	655	1 019	340	61	19	2
知的財産権に関する訴え	288	11	11	8	33	57	118	46	1	2	1
そ　の　他	84 290	2 822	8 106	10 054	17 289	21 196	18 335	4 768	1 173	346	201
建物を目的とする訴え	25 109	1 030	7 037	8 681	5 900	1 305	876	221	48	10	1
土地を目的とする訴え	6 948	156	873	1 241	1 692	1 164	1 222	434	114	41	11
労働に関する訴え（金銭を目的とする訴えを除く）	866	16	15	18	90	243	356	105	20	2	1
知的財産権に関する訴え（金銭を目的とする訴えを除く）	258	12	10	12	36	52	91	35	10		
公害に係る差止めの訴え	5	1	–	–	–	–	2	–	–	1	1
共通義務確認の訴え	–	–	–	–	–	–	–	–	–	–	–
そ　の　他　の　訴　え	8 476	595	650	739	1 707	1 866	2 003	656	186	52	22

第22表　第一審通常訴訟既済事件のうち，口頭弁論及び争点等の整理手続（準備的口頭弁論，弁論準備）を経た事件数—口頭弁論，争点等整理手続（準備的口頭弁論，弁論準備）の実施回数別—全地方裁判所

	総数	1回	2回	3回	4回	5回	6回	7回	8回	9回	10回	11〜15回	16回以上
口頭弁論手続を経た事件	115 113	62 150	24 602	12 081	6 104	3 532	2 215	1 389	884	578	425	870	283
争点等整理手続（準備的口頭弁論，弁論準備）を経た事件	59 662	3 687	4 969	5 750	6 122	6 081	5 681	4 767	4 000	3 499	2 788	7 893	4 425

第23表　第一審通常訴訟既済事件数—事件の種類及び弁護士選任状況別—全地方裁判所

事件の種類	総数	弁護士を付けたもの				
		総数	双方	一方		
				総数	原告側	被告側
総　　数	131 560	120 367	61 753	58 614	54 718	3 896
人事を目的とする訴え	-	-	-	-	-	-
金銭を目的とする訴え	89 898	83 393	50 034	33 359	30 195	3 164
うち建築請負代金等	1 416	1 362	935	427	390	37
建築瑕疵による損害賠償	448	446	389	57	34	23
医療行為による損害賠償	821	795	659	136	76	60
公害による損害賠償	64	59	37	22	19	3
労働に関する訴え	2 571	2 530	2 212	318	211	107
知的財産権に関する訴え	288	258	184	74	31	43
その他	84 290	77 943	45 618	32 325	29 434	2 891
建物を目的とする訴え	25 109	21 706	2 909	18 797	18 664	133
土地を目的とする訴え	6 948	6 428	2 731	3 697	3 556	141
労働に関する訴え（金銭を目的とする訴えを除く）	866	856	772	84	38	46
知的財産権に関する訴え（金銭を目的とする訴えを除く）	258	246	207	39	25	14
公害に係る差止めの訴え	5	3	3	-	-	-
共通義務確認の訴え	-	-	-	-	-	-
その他の訴え	8 476	7 735	5 097	2 638	2 240	398

第24表　第一審通常訴訟既済事件の証拠調べ—事件の種類別—全地方裁判所

事件の種類	事件総数	証人 件数（件）	証人 延べ人員（人）	当事者尋問 件数（件）	当事者尋問 延べ人員（人）	鑑定（件）	うち実施人質問等定鑑	検証（件）
総　　数	131 560	9 718	16 974	17 682	33 552	666	38	189
人事を目的とする訴え	–	–	–	–	–	–	–	–
金銭を目的とする訴え	89 898	7 763	13 732	14 488	27 508	309	33	131
うち建築請負代金等	1 416	274	528	325	532	6	–	3
建築瑕疵による損害賠償	448	91	188	102	163	9	–	1
医療行為による損害賠償	821	236	428	303	490	67	22	13
公害による損害賠償	64	10	41	15	107	1	–	–
労働に関する訴え	2 571	530	1 003	700	1 317	–	–	6
知的財産権に関する訴え	288	29	61	31	50	1	–	1
その他	84 290	6 593	11 483	13 012	24 849	225	11	107
建物を目的とする訴え	25 109	374	569	638	1 170	103	2	34
土地を目的とする訴え	6 948	557	849	894	1 642	89	2	10
労働に関する訴え（金銭を目的とする訴えを除く）	866	276	593	336	545	–	–	4
知的財産権に関する訴え（金銭を目的とする訴えを除く）	258	19	40	22	39	4	–	1
公害に係る差止めの訴え	5	1	3	1	3	–	–	–
共通義務確認の訴え	–	–	–	–	–	–	–	–
その他の訴え	8 476	728	1 188	1 303	2 645	161	1	9

第25表　第一審通常訴訟既済事件数—事件の種類及び専門委員の関与状況別—全地方裁判所

事件の種類	総数	専門委員の関与があったもの 総数	関与した手続 争点整理等手続の	関与した手続 証拠調べ	関与した手続 和解
総　　数	131 560	569	543	83	177
建築請負代金等	1 416	73	72	14	30
建築瑕疵による損害賠償	448	68	66	7	25
医療行為による損害賠償	821	65	64	3	2
知的財産権に関する訴え	546	6	6	–	–
その他の訴え	128 329	357	335	59	120

第26表　　控訴審通常訴訟未済事件数―審理期間別―全地方裁判所

総数	6月以内	1年以内	2年以内	3年以内	4年以内	5年以内	5年を超える
1 580	1 388	153	32	4	1	-	2

第27表　　控訴審通常訴訟新受事件数―事件の種類別―全地方裁判所

総数	金銭を目的とする訴え	建物を目的とする訴え	土地を目的とする訴え	その他の訴え
3 999	3 836	64	26	73

第28表　　控訴審通常訴訟既済事件数―事件の種類及び終局区分別
　　　　　　　―全地方裁判所

| 事件の種類 | 総数 | 判決 | | | | | 決定 | 命令 | 和解 | 放棄 | 認諾 | 取下げ | その他 |
		総数	棄却	取消し	却下	その他							
総　　数	3 943	1 858	1 234	608	5	11	7	35	1 437	19	-	533	54
金銭を目的とする訴え	3 792	1 782	1 179	587	5	11	7	31	1 391	18	-	510	53
建物を目的とする訴え	58	27	23	4	-	-	-	3	19	-	-	9	-
土地を目的とする訴え	33	20	13	7	-	-	-	-	10	-	-	3	-
その他の訴え	60	29	19	10	-	-	-	1	17	1	-	11	1

第29表　控訴審通常訴訟既済事件数—終局区分及び審理期間（当審受理から終局まで）別—全地方裁判所

終　局　区　分	総数	1月以内	2月以内	3月以内	6月以内	1年以内	2年以内	3年以内	4年以内	5年以内	5年を超える
総　　　数	3 943	160	286	554	2 079	740	115	8	-	1	-
判　　　決	1 858	1	18	101	1 142	513	78	4	-	1	-
和　　　解	1 437	34	126	327	741	180	26	3	-	-	-
そ　の　他	648	125	142	126	196	47	11	1	-	-	-

第30表　控訴審通常訴訟既済事件数—事件の種類及び審理期間（当審受理から終局まで）別—全地方裁判所

事　件　の　種　類	総数	1月以内	2月以内	3月以内	6月以内	1年以内	2年以内	3年以内	4年以内	5年以内	5年を超える
総　　　数	3 943	160	286	554	2 079	740	115	8	-	1	-
金銭を目的とする訴え	3 792	156	277	539	2 000	705	108	6	-	1	-
建物を目的とする訴え	58	1	2	5	33	16	1	-	-	-	-
土地を目的とする訴え	33	1	-	3	15	6	6	2	-	-	-
その他の訴え	60	2	7	7	31	13	-	-	-	-	-

第31表　控訴審通常訴訟既済事件のうち控訴提起により受理した事件数—事件の種類及び審理期間（原審受理から終局まで）別—全地方裁判所

本表は，第一審に差戻し後の再度の控訴，第一審判決に対して再審を申し立てたものの控訴，仮差押，仮処分事件の判決に対する控訴並びに仮執行の原状回復及び損害賠償の申立てを含まない。

事　件　の　種　類	控訴提起により受理した事件総数	1月以内	2月以内	3月以内	6月以内	1年以内	2年以内	3年以内	4年以内	5年以内	5年を超える
総　　　数	3 442	2	7	14	228	1 068	1 892	209	14	3	5
金銭を目的とする訴え	3 304	2	7	13	218	1 018	1 828	197	13	3	5
建物を目的とする訴え	56	-	-	-	5	23	24	4	-	-	-
土地を目的とする訴え	30	-	-	-	-	11	11	7	1	-	-
その他の訴え	52	-	-	1	5	16	29	1	-	-	-

第32表　　控訴審通常訴訟既済事件のうち口頭弁論を経た事件数
　　　　　　—口頭弁論の実施回数別—全地方裁判所

口頭弁論を経た事件総数	1回	2回	3回	4回	5回	6回	7回	8回	9回	10回	11〜15回	16回以上
3 428	2 361	758	206	70	12	7	8	3	2	–	1	–

第33表　　控訴審通常訴訟既済事件数—事件の種類及び弁護士選任
　　　　　　状況別—全地方裁判所

事件の種類	総数	弁護士を付けたもの				
		総数	双方	一方		
				総数	控訴人側	被控訴人側
総数	3 943	3 521	2 337	1 184	481	703
金銭を目的とする訴え	3 792	3 399	2 279	1 120	460	660
建物を目的とする訴え	58	43	19	24	8	16
土地を目的とする訴え	33	28	15	13	5	8
その他の訴え	60	51	24	27	8	19

第34表　　控訴審通常訴訟既済事件の証拠調べ—事件の種類別
　　　　　　—全地方裁判所

事件の種類	証人		当事者尋問		鑑定	検証
	件数（件）	延べ人員（人）	件数（件）	延べ人員（人）	（件）	（件）
総数	62	74	148	239	–	5
金銭を目的とする訴え	59	71	139	223	–	5
建物を目的とする訴え	1	1	1	2	–	–
土地を目的とする訴え	2	2	3	5	–	–
その他の訴え	–	–	5	9	–	–

第35表　控訴審通常訴訟未済事件数—審理期間別—全高等裁判所

総数	6月以内	1年以内	2年以内	3年以内	4年以内	5年以内	5年を超える
5 057	4 007	756	232	39	15	3	5

第36表　控訴審通常訴訟新受事件数—事件の種類別—全高等裁判所

総数	人事を目的とする訴え	金銭を目的とする訴え	建築請負代金等	建築瑕疵による損害賠償	医療行為による損害賠償	公害による損害賠償	労働に関する訴え	知的財産権に関する訴え	その他	建物を目的とする訴え	土地を目的とする訴え	労働に関する訴え（金銭を目的とする以外）	知的財産権に関する訴え（金銭を目的とする以外）	公害に係る差止めの訴え	共通義務確認の訴え	その他の訴え
12 416	1 404	8 369	128	46	166	10	328	59	7 632	709	698	158	65	1	–	1 012

第37表　控訴審通常訴訟既済事件数—事件の種類及び終局区分別—全高等裁判所

事件の種類	総数	判決 総数	棄却	取消し	却下	その他	決定	命令	和解	放棄	認諾	取下げ	その他
総　　数	12 228	7 176	5 494	1 596	26	60	30	161	3 978	8	3	757	115
人事を目的とする訴え	1 381	816	600	200	4	12	1	6	458	1	–	86	13
金銭を目的とする訴え	8 175	4 722	3 638	1 047	17	20	24	107	2 768	3	1	467	83
うち建築請負代金等	95	55	34	21	–	–	–	1	35	–	–	3	1
建築瑕疵による損害賠償	36	23	19	4	–	–	–	–	12	–	–	1	–
医療行為による損害賠償	147	94	81	13	–	–	–	–	49	–	–	2	2
公害による損害賠償	5	3	3	–	–	–	–	–	1	–	–	–	1
労働に関する訴え	328	187	122	64	1	–	–	3	121	–	–	14	3
知的財産権に関する訴え	64	52	42	10	–	–	–	–	7	–	–	5	–
その他	7 500	4 308	3 337	935	16	20	24	103	2 543	3	1	442	76
建物を目的とする訴え	666	318	245	66	3	4	3	30	213	2	–	94	6
土地を目的とする訴え	718	443	336	98	1	8	–	8	227	–	–	37	3
労働に関する訴え（金銭を目的とする訴えを除く）	171	96	73	22	–	1	–	2	68	–	2	3	–
知的財産権に関する訴え（金銭を目的とする訴えを除く）	67	55	45	10	–	–	–	–	5	–	–	6	1
公害に係る差止めの訴え	1	1	1	–	–	–	–	–	–	–	–	–	–
共通義務確認の訴え													
その他の訴え	1 049	725	556	153	1	15	2	8	239	2	–	64	9

第38表　　控訴審通常訴訟既済事件数―終局区分及び審理期間
（当審受理から終局まで）別―全高等裁判所

終　局　区　分	総数	1月以内	2月以内	3月以内	6月以内	1年以内	2年以内	3年以内	4年以内	5年以内	5年を超える
総　　　　　数	12 228	305	576	1 166	7 288	2 234	563	76	16	1	3
判　　　　決	7 176	16	98	304	4 870	1 483	351	41	9	1	3
和　　　　解	3 978	52	235	680	2 129	658	189	30	5	–	–
そ　の　他	1 074	237	243	182	289	93	23	5	2	–	–

第39表　　控訴審通常訴訟既済事件数―事件の種類及び審理期間
（当審受理から終局まで）別―全高等裁判所

事　件　の　種　類	総数	1月以内	2月以内	3月以内	6月以内	1年以内	2年以内	3年以内	4年以内	5年以内	5年を超える
総　　　　　数	12 228	305	576	1 166	7 288	2 234	563	76	16	1	3
人事を目的とする訴え	1 381	29	42	118	882	261	44	5	–	–	–
金銭を目的とする訴え	8 175	197	411	864	4 896	1 415	337	43	10	1	1
うち建築請負代金等	95	2	3	4	59	19	8	–	–	–	–
建築瑕疵による損害賠償	36	–	1	1	20	10	4	–	–	–	–
医療行為による損害賠償	147	1	2	4	73	43	19	4	1	–	–
公害による損害賠償	5	–	–	1	1	2	–	–	–	1	–
労働に関する訴え	328	6	17	34	176	71	21	2	1	–	–
知的財産権に関する訴え	64	1	1	–	34	24	4	–	–	–	–
そ　の　他	7 500	187	387	820	4 533	1 246	281	37	8	–	1
建物を目的とする訴え	666	35	64	80	357	90	34	4	1	–	1
土地を目的とする訴え	718	19	24	32	389	169	71	11	3	–	–
労働に関する訴え（金銭を目的とする訴えを除く）	171	2	2	11	106	40	10	–	–	–	–
知的財産権に関する訴え（金銭を目的とする訴えを除く）	67	1	1	2	27	29	7	–	–	–	–
公害に係る差止めの訴え	1	–	–	–	–	–	1	–	–	–	–
共通義務確認の訴え	–	–	–	–	–	–	–	–	–	–	–
その他の訴え	1 049	22	32	59	631	230	59	13	2	–	1

第40表　控訴審通常訴訟既済事件のうち控訴提起により受理した事件数—事件の種類及び審理期間（原審受理から終局まで）別—全高等裁判所

本表は，第一審に差戻し後の再度の控訴，第一審判決に対して再審を申し立てたものの控訴，仮差押，仮処分事件の判決に対する控訴並びに仮執行の原状回復及び損害賠償の申立てを含まない。

事件の種類	控訴提起により受理した事件総数	1月以内	2月以内	3月以内	6月以内	1年以内	2年以内	3年以内	4年以内	5年以内	5年を超える
総数	10 808	1	3	6	126	948	4 304	3 372	1 314	485	249
人事を目的とする訴え	1 196	-	-	1	2	43	593	412	102	31	12
金銭を目的とする訴え	7 173	-	1	4	64	563	2 858	2 255	901	339	188
うち建築請負代金等	85	-	-	-	1	2	22	34	16	6	4
建築瑕疵による損害賠償	35	-	-	-	-	-	2	5	11	8	9
医療行為による損害賠償	138	-	-	-	-	1	17	33	40	26	21
公害による損害賠償	4	-	-	-	-	-	-	1	1	-	2
労働に関する訴え	279	-	-	-	3	11	84	116	44	16	5
知的財産権に関する訴え	60	-	-	-	2	2	15	29	7	3	2
その他	6 572	-	1	4	58	547	2 718	2 037	782	280	145
建物を目的とする訴え	613	-	-	-	46	181	198	114	58	12	4
土地を目的とする訴え	653	-	-	-	5	50	218	215	99	46	20
労働に関する訴え（金銭を目的とする訴えを除く）	154	-	-	-	1	3	51	65	23	9	2
知的財産権に関する訴え（金銭を目的とする訴えを除く）	54	-	-	-	-	2	17	18	10	7	-
公害に係る差止めの訴え	1	-	-	-	-	-	-	-	-	-	1
共通義務確認の訴え	-	-	-	-	-	-	-	-	-	-	-
その他の訴え	964	1	2	1	8	106	369	293	121	41	22

第41表　控訴審通常訴訟既済事件のうち口頭弁論を経た事件数—口頭弁論の実施回数別—全高等裁判所

口頭弁論を経た事件総数	1回	2回	3回	4回	5回	6回	7回	8回	9回	10回	11～15回	16回以上
11 375	8 844	1 879	409	154	37	19	15	6	5	2	3	2

第42表　控訴審通常訴訟既済事件数—事件の種類及び弁護士選任状況別
　　　　—全高等裁判所

事　件　の　種　類	総数	弁　護　士　を　付　け　た　も　の				
		総数	双方	一方		
				総数	控訴人側	被控訴側
総　　　　　数	12 228	11 677	9 188	2 489	679	1 810
人 事 を 目 的 と す る 訴 え	1 381	1 362	1 121	241	76	165
金 銭 を 目 的 と す る 訴 え	8 175	7 777	6 133	1 644	459	1 185
うち建 築 請 負 代 金 等	95	95	73	22	7	15
建 築 瑕 疵 に よ る 損 害 賠 償	36	36	32	4	–	4
医 療 行 為 に よ る 損 害 賠 償	147	146	123	23	–	23
公 害 に よ る 損 害 賠 償	5	5	5	–	–	–
労 働 に 関 す る 訴 え	328	319	272	47	11	36
知 的 財 産 権 に 関 す る 訴 え	64	59	42	17	–	17
そ の 他	7 500	7 117	5 586	1 531	441	1 090
建 物 を 目 的 と す る 訴 え	666	610	384	226	46	180
土 地 を 目 的 と す る 訴 え	718	690	542	148	45	103
労 働 に 関 す る 訴 え（金銭を目的とする訴えを除く）	171	169	153	16	–	16
知 的 財 産 権 に 関 す る 訴 え（金銭を目的とする訴えを除く）	67	66	59	7	1	6
公 害 に 係 る 差 止 め の 訴 え	1	1	1	–	–	–
共 通 義 務 確 認 の 訴 え	–	–	–	–	–	–
そ の 他 の 訴 え	1 049	1 002	795	207	52	155

第43表 控訴審通常訴訟既済事件の証拠調べ—事件の種類別
　　　　—全高等裁判所

事　件　の　種　類	証　人		当　事　者　尋　問		鑑定（件）	うち人質問鑑定等実施（件）	検証（件）
	件数（件）	延べ人員（人）	件数（件）	延べ人員（人）			
総　　　　　　　数	133	180	133	216	34	2	14
人 事 を 目 的 と す る 訴 え	2	4	23	38	3	-	-
金 銭 を 目 的 と す る 訴 え	93	124	78	120	17	1	9
う ち 建 築 請 負 代 金 等	1	2	1	1	-	-	-
建 築 瑕 疵 に よ る 損 害 賠 償	-	-	-	-	-	-	-
医 療 行 為 に よ る 損 害 賠 償	3	4	-	-	4	1	-
公 害 に よ る 損 害 賠 償	1	1	1	3	-	-	-
労 働 に 関 す る 訴 え	5	7	4	6	-	-	-
知 的 財 産 権 に 関 す る 訴 え	2	3	1	1	-	-	-
そ 　 の 　 他	81	107	71	109	13	-	9
建 物 を 目 的 と す る 訴 え	8	10	5	8	4	-	-
土 地 を 目 的 と す る 訴 え	9	11	9	10	4	-	-
労 働 に 関 す る 訴 え（金銭を目的とする訴えを除く）	5	6	4	5	1	-	-
知 的 財 産 権 に 関 す る 訴 え（金銭を目的とする訴えを除く）	-	-	-	-	-	-	2
公 害 に 係 る 差 止 め の 訴 え	-	-	-	-	-	-	-
共 通 義 務 確 認 の 訴 え	-	-	-	-	-	-	-
そ の 他 の 訴 え	16	25	14	35	5	1	3

第44表 控訴審通常訴訟既済事件数—事件の種類及び専門委員の
　　　　関与状況別—全高等裁判所

事　件　の　種　類	総数	専門委員の関与があったもの 総数	関与した手続		
			争点整理等手続	証拠調べ	和解
総　　　　　　　数	12 228	16	15	2	2
建 築 請 負 代 金 等	95	2	2	-	-
建 築 瑕 疵 に よ る 損 害 賠 償	36	1	1	-	1
医 療 行 為 に よ る 損 害 賠 償	147	2	2	-	-
知 的 財 産 権 に 関 す る 訴 え	131	-	-	-	-
そ 　 の 　 他	11 819	11	10	2	1

第 45 表　　上告審訴訟未済事件数—審理期間別—全高等裁判所

総数	6月以内	1年以内	2年以内	3年以内	4年以内	5年以内	5年を超える
115	100	8	7	–	–	–	–

第 46 表　　上告審訴訟新受事件数—事件の種類別—全高等裁判所

総数	金銭を目的とする訴え	建物を目的とする訴え	土地を目的とする訴え	その他の訴え
422	398	8	6	10

第 47 表　　上告審訴訟既済事件数—事件の種類及び終局区分別 —全高等裁判所

事件の種類	総数	判決					決定	和解	放棄	認諾	取下げ	その他
		総数	却下	棄却	破棄	その他						
総　　　　数	445	417	–	400	17	–	14	9	–	–	5	–
金銭を目的とする訴え	418	391	–	376	15	–	14	8	–	–	5	–
建物を目的とする訴え	9	9	–	8	1	–	–	–	–	–	–	–
土地を目的とする訴え	8	8	–	8	–	–	–	–	–	–	–	–
その他の訴え	10	9	–	8	1	–	–	1	–	–	–	–

第 48 表　　上告審訴訟既済事件数―終局区分及び審理期間
　　　　　　（当審受理から終局まで）別―全高等裁判所

終　局　区　分	総数	1月以内	2月以内	3月以内	6月以内	1年以内	2年以内	3年以内	4年以内	5年以内	5年を超える
総　　　　　　数	445	22	66	158	153	29	16	1	－	－	－
判　　　　　　決	417	17	60	153	144	27	15	1	－	－	－
和　　　　　　解	9	－	－	1	7	1	－	－	－	－	－
そ　の　　他	19	5	6	4	2	1	1	－	－	－	－

第 49 表　　上告審訴訟既済事件数―事件の種類及び審理期間
　　　　　　（当審受理から終局まで）別―全高等裁判所

事　件　の　種　類	総数	1月以内	2月以内	3月以内	6月以内	1年以内	2年以内	3年以内	4年以内	5年以内	5年を超える
総　　　　　　数	445	22	66	158	153	29	16	1	－	－	－
金銭を目的とする訴え	418	20	60	147	146	28	16	1	－	－	－
建物を目的とする訴え	9	－	－	6	3	－	－	－	－	－	－
土地を目的とする訴え	8	2	3	2	－	1	－	－	－	－	－
そ　の　他　の　訴え	10	－	3	3	4	－	－	－	－	－	－

第 50 表　　上告審訴訟既済事件のうち通常上告事件数―事件の種類及び
　　　　　　審理期間（第一審受理から終局まで）別―全高等裁判所

本表は，第一審又は控訴審に差戻し後の上告事件，第一審，控訴審又は上告審判決に対する再審事件，
飛躍上告事件及び附帯上告事件を含まない。

事　件　の　種　類	通常上告事件総数	6月以内	1年以内	2年以内	3年以内	4年以内	5年以内	5年を超える
総　　　　　　数	440	1	13	256	140	29	1	－
金銭を目的とする訴え	413	1	11	241	131	28	1	－
建物を目的とする訴え	9	－	－	7	2	－	－	－
土地を目的とする訴え	8	－	1	3	3	1	－	－
そ　の　他　の　訴え	10	－	1	5	4	－	－	－

第51表　上告審訴訟既済事件のうち口頭弁論を経た事件数
　　　　—口頭弁論の実施回数別—全高等裁判所

口頭弁論を経た事件総数	1回	2回	3回	4回	5回	6回以上
26	26	-	-	-	-	-

第52表　上告審訴訟既済事件数—事件の種類及び弁護士選任状況別
　　　　—全高等裁判所

| 事件の種類 | 総数 | 弁護士を付けたもの | | | | |
| | | 総数 | 双方 | 一方 | | |
				総数	上告人側	被上告人側
総　　数	445	314	157	157	58	99
金銭を目的とする訴え	418	298	149	149	56	93
建物を目的とする訴え	9	6	2	4	2	2
土地を目的とする訴え	8	4	3	1	-	1
その他の訴え	10	6	3	3	-	3

第53表　民事・行政未済事件数―審理期間別―最高裁判所

本表は，特別上告，上告，上告受理，特別抗告及び許可抗告事件を対象としたものである。

	当 審 に 係 属 し た 時 か ら の 期 間						
	総数	3月以内	6月以内	1年以内	2年以内	3年以内	3年を超える
民 事 ・ 行 政 総 数	1 383	885	281	177	40	-	-
民 事 総 数	1 191	753	252	151	35	-	-
行 政 総 数	192	132	29	26	5	-	-

第54表　上告審訴訟新受事件数―事件の種類別―最高裁判所

事 件 の 種 類	特別上告	上告	上告受理
総 数	65	2 038	2 525
民 事 訴 訟	65	1 700	2 107
人 事 を 目 的 と す る 訴 え	…	186	223
金 銭 を 目 的 と す る 訴 え	58	848	1 071
建 物 を 目 的 と す る 訴 え	2	74	90
土 地 を 目 的 と す る 訴 え	1	149	194
そ の 他 の 訴 え	4	443	529
行 政 訴 訟	-	338	418

第 55 表　　上告審訴訟既済事件数—事件の種類及び

本表から第 58 表までは，上告審に直接上告状を

事件の種類	総数	上告 総数	判決 棄却	破棄	その他	判決以外の事由 決定 却下	棄却	移送	和解	取下げ	その他 1)
総　　　数	4 580	2 021	3	–	–	18	1 991	–	–	8	1
民　事　訴　訟	3 819	1 679	–	–	–	15	1 656	–	–	7	1
人事を目的とする訴え	421	190	–	–	–	2	187	–	–	1	–
金銭を目的とする訴え	1 974	848	–	–	–	7	839	–	–	2	–
建物を目的とする訴え	170	76	–	–	–	1	74	–	–	1	–
土地を目的とする訴え	324	142	–	–	–	3	138	–	–	1	–
その他の訴え	930	423	–	–	–	2	418	–	–	2	1
行　政　訴　訟	761	342	3	–	–	3	335	–	–	1	–

1)　判決以外の事由の「その他」には，却下，棄却，移送及び不受理以外の決定で終局したものを含む。

第 56 表　　上告審訴訟既済事件数—終局区分及び

終局区分	総数	上告 総数	2月以内	3月以内	6月以内	1年以内	2年以内	3年以内	5年以内	7年以内	10年以内	10年を超える
総　　　数	4 580	2 021	724	535	567	170	24	–	1	–	–	–
民　事　訴　訟	3 819	1 679	600	424	490	142	22	–	1	–	–	–
判　　決	29	–	–	–	–	–	–	–	–	–	–	–
決　　定	3 752	1 671	597	422	487	142	22	–	1	–	–	–
そ の 他	38	8	3	2	3	–	–	–	–	–	–	–
行　政　訴　訟	761	342	124	111	77	28	2	–	–	–	–	–
判　　決	11	3	–	–	–	3	–	–	–	–	–	–
決　　定	743	338	123	111	77	25	2	–	–	–	–	–
そ の 他	7	1	1	–	–	–	–	–	–	–	–	–

第 57 表　　上告審訴訟既済事件数—事件の種類及び

事件の種類	総数	上告 総数	2月以内	3月以内	6月以内	1年以内	2年以内	3年以内	5年以内	7年以内	10年以内	10年を超える
総　　　数	4 580	2 021	724	535	567	170	24	–	1	–	–	–
民　事　訴　訟	3 819	1 679	600	424	490	142	22	–	1	–	–	–
人事を目的とする訴え	421	190	82	44	52	12	–	–	–	–	–	–
金銭を目的とする訴え	1 974	848	287	229	244	74	14	–	–	–	–	–
建物を目的とする訴え	170	76	33	17	18	8	–	–	–	–	–	–
土地を目的とする訴え	324	142	43	44	44	10	1	–	–	–	–	–
その他の訴え	930	423	155	90	132	38	7	–	1	–	–	–
行　政　訴　訟	761	342	124	111	77	28	2	–	–	–	–	–

終局区分別—最高裁判所

提出したもの（7件）を含まない。

総数	上告受理 判決			上告受理 判決以外の事由					特別 総数	特別上告 判決			特別上告 判決以外の事由					
	棄却	破棄	その他	決定 不受理	決定 移送	和解	取下げ	その他1)		棄却	破棄	その他	決定 却下	決定 棄却	決定 移送	取下げ	その他1)	
2 498	3	34	-	2 425	-	1	24	11	61	-	-	-	1	60	-	-	-	総
2 079	2	27	-	2 020	-	1	18	11	61	-	-	-	1	60	-	-	-	民
231	-	1	-	226	-	-	3	1	-	-	-	-	-	-	-	-	-	
1 072	-	16	-	1 038	-	1	8	9	54	-	-	-	1	53	-	-	-	
91	-	1	-	88	-	-	1	1	3	-	-	-	-	3	-	-	-	
181	-	2	-	178	-	-	1	-	1	-	-	-	-	1	-	-	-	
504	2	7	-	490	-	-	5	-	3	-	-	-	-	3	-	-	-	
419	1	7	-	405	-	-	6											行

審理期間（当審受付から終局まで）別—最高裁判所

総数	上告受理 2月以内	3月以内	6月以内	1年以内	2年以内	3年以内	5年以内	7年以内	10年以内	10年を超える	特別 総数	特別上告 1月以内	2月以内	3月以内	6月以内	1年以内	1年を超える	
2 498	829	675	718	235	40	-	1	-	-	-	61	2	53	5	1	-	-	総
2 079	694	532	623	196	33	-	1	-	-	-	61	2	53	5	1	-	-	民
29	-	-	-	8	21	-	-	-	-	-	-	-	-	-	-	-	-	
2 020	686	524	611	187	11	-	1	-	-	-	61	2	53	5	1	-	-	
30	8	8	12	1	1	-	-	-	-	-	-	-	-	-	-	-	-	
419	135	143	95	39	7	-	-	-	-	-	-	-	-	-	-	-	-	行
8	-	-	-	3	5	-	-	-	-	-	-	-	-	-	-	-	-	
405	133	142	93	35	2	-	-	-	-	-	-	-	-	-	-	-	-	
6	2	1	2	1	-	-	-	-	-	-	-	-	-	-	-	-	-	

審理期間（当審受付から終局まで）別—最高裁判所

総数	上告受理 2月以内	3月以内	6月以内	1年以内	2年以内	3年以内	5年以内	7年以内	10年以内	10年を超える	特別 総数	特別上告 1月以内	2月以内	3月以内	6月以内	1年以内	1年を超える	
2 498	829	675	718	235	40	-	1	-	-	-	61	2	53	5	1	-	-	総
2 079	694	532	623	196	33	-	1	-	-	-	61	2	53	5	1	-	-	民
231	97	54	67	13	-	-	-	-	-	-	-	-	-	-	-	-	-	
1 072	341	290	317	105	19	-	-	-	-	-	54	2	47	4	1	-	-	
91	37	24	21	9	-	-	-	-	-	-	3	-	2	1	-	-	-	
181	51	53	60	16	1	-	-	-	-	-	1	-	1	-	-	-	-	
504	168	111	158	53	13	-	1	-	-	-	3	-	3	-	-	-	-	
419	135	143	95	39	7	-	-	-	-	-	-	-	-	-	-	-	-	行

54

第58表　上告審訴訟既済事件数—事件の種類及び審理期間（第一審受付から終局まで）別—最高裁判所

本表の総数は，地裁及び家裁を第一審とし高裁の控訴審を経た上告事件のみの件数で，民事（行政）訴訟事件数から人身保護請求の上告事件などを除いたものである。ただし，一つの原判決に対する上告事件と上告受理事件とを合わせて1件とし，双方が終局した時点で事件が終局したものとして計上した。

事件の種類	総数	1年以内	2年以内	3年以内	5年以内	7年以内	10年以内	10年を超える
総　　数	2 653	16	645	934	856	155	39	8
民　事　訴　訟	2 257	8	522	800	762	127	31	7
人事を目的とする訴え	244	–	46	118	72	8	–	–
金銭を目的とする訴え	1 165	2	241	413	406	72	25	6
建物を目的とする訴え	99	–	36	31	30	2	–	–
土地を目的とする訴え	198	–	39	63	83	12	1	–
その他の訴え	551	6	160	175	171	33	5	1
行　政　訴　訟	396	8	123	134	94	28	8	1

第59表　行政第一審訴訟未済事件数—審理期間別—全地方裁判所

総数	6月以内	1年以内	2年以内	3年以内	4年以内	5年以内	5年を超える
2 362	785	558	541	202	112	84	80

第60表　行政第一審訴訟既済事件数—終局区分及び審理期間別—全地方裁判所

終局区分	総数	1月以内	2月以内	3月以内	6月以内	1年以内	2年以内	3年以内	4年以内	5年以内	5年を超える
総数	1 920	97	92	85	208	488	558	243	93	33	23
判決	1 468	32	36	33	111	393	507	220	85	29	22
認容	222	–	2	11	22	16	66	57	31	8	9
棄却	963	1	–	1	35	295	394	155	52	20	10
却下	280	31	34	21	53	81	47	7	2	1	3
その他	3	–	–	–	1	1	–	1	–	–	–
決定	20	5	1	6	6	2	–	–	–	–	–
命令	84	5	18	16	28	13	2	2	–	–	–
和解	24	–	–	–	3	5	6	8	2	–	–
放棄	2	–	–	1	–	–	1	–	–	–	–
認諾											
取下げ	302	42	36	29	57	73	41	13	6	4	1
その他	20	13	1	–	3	2	1	–	–	–	–

第61表　行政第一審訴訟既済事件のうち，口頭弁論及び争点等の整理手続（準備的口頭弁論，弁論準備）を経た事件数—口頭弁論，争点等整理手続（準備的口頭弁論，弁論準備）の実施回数別—全地方裁判所

	総数	1回	2回	3回	4回	5回	6回	7回	8回	9回	10回	11~15回	16回以上
口頭弁論を経た事件	1 571	206	294	236	160	161	101	90	59	56	51	109	48
争点等整理手続（準備的口頭弁論，弁論準備）を経た事件	463	20	53	48	42	54	31	33	28	25	24	72	33

第62表　　行政第一審訴訟既済事件数—弁護士選任状況別
　　　　　—全地方裁判所

総数	弁　護　士　を　付　け　た　も　の				
	総数	双方	一　　　　　　　方		
			総数	原告側	被告側
1 920	1 414	537	877	617	260

第63表　　行政第一審訴訟既済事件の証拠調べ—全地方裁判所

証　　　人		当　事　者　尋　問		鑑		検
件数（件）	延べ人員（人）	件数（件）	延べ人員（人）	定（件）	うち人質鑑定等実人問施	証（件）
274	623	377	441	2	－	－

第64表　行政第一審訴訟未済事件数—審理期間別—全高等裁判所

総数	6月以内	1年以内	2年以内	3年以内	4年以内	5年以内	5年を超える
164	90	64	10	–	–	–	–

第65表　行政第一審訴訟既済事件数—終局区分及び審理期間別—全高等裁判所

終局区分	総数	1月以内	2月以内	3月以内	6月以内	1年以内	2年以内	3年以内	4年以内	5年以内	5年を超える
総数	241	7	9	10	84	95	36	–	–	–	–
判決	207	2	3	10	74	82	36	–	–	–	–
認容	40	–	1	1	9	15	14				
棄却	156	–	–	8	59	67	22				
却下	11	2	2	1	6	–	–				
その他	–										
決定	1	1									
命令	2	–	2								
和解	7	–	–	–	2	5					
放棄	–										
認諾	–										
取下げ	24	4	4	–	8	8					
その他	–										

第66表　行政第一審訴訟既済事件のうち，口頭弁論及び争点等の整理手続（準備的口頭弁論，弁論準備）を経た事件数—口頭弁論，争点等整理手続（準備的口頭弁論，弁論準備）の実施回数別—全高等裁判所

	総数	1回	2回	3回	4回	5回	6回	7回	8回	9回	10回	11〜15回	16回以上
口頭弁論を経た事件	213	184	17	10	–	1	–	1	–	–	–	–	–
争点等整理手続（準備的口頭弁論，弁論準備）を経た事件	104	3	50	35	12	2	2	–	–	–	–	–	–

58

第 67 表　　行政第一審訴訟既済事件数—弁護士選任状況別 —全高等裁判所

総	弁　護　士　を　付　け　た　も　の				
	総	双	一　　　　方		
			総	原	被
				告	告
数	数	方	数	側	側
241	170	84	86	60	26

第 68 表　　行政第一審訴訟既済事件の証拠調べ—全高等裁判所

証　　　人		当　事　者　尋　問		鑑	う定等	検
件	延	件	延		ち人実	
（件）	べ（人）	（件）	べ（人）	（件）	鑑質問施	（件）
数	人員	数	人員	定		証
1	1	1	1	－	－	2

第 69 表　　行政第一審訴訟既済事件数—専門委員の関与状況別 —全高等裁判所

総	専　門　委　員　の　関　与　が　あ　っ　た　も　の			
	総	関　　与　　し　　た　　手　　続		
		争整点理等手の続	証拠調べ	和解
数	数			
241	27	23	－	－

第70表　行政控訴審訴訟未済事件数―審理期間別―全高等裁判所

総数	6月以内	1年以内	2年以内	3年以内	4年以内	5年以内	5年を超える
373	282	69	14	5	-	-	3

第71表　行政控訴審訴訟既済事件数―終局区分及び審理期間（当審受理から終局まで）別―全高等裁判所

終局区分	総数	1月以内	2月以内	3月以内	6月以内	1年以内	2年以内	3年以内	4年以内	5年以内	5年を超える
総数	777	25	21	25	492	166	42	6	-	-	-
判決	714	5	12	18	476	156	41	6	-	-	-
棄却	652	3	12	18	454	133	27	5	-	-	-
取消し	59	1	-	-	20	23	14	1	-	-	-
却下	2	1	-	-	1	-	-	-	-	-	-
その他	1	-	-	-	1	-	-	-	-	-	-
決定	8	7	-	-	1	-	-	-	-	-	-
命令	19	2	5	2	9	1	-	-	-	-	-
和解	5	-	-	-	1	4	-	-	-	-	-
取下げ	27	9	4	5	5	3	1	-	-	-	-
その他	4	2	-	-	-	2	-	-	-	-	-

第72表　行政控訴審訴訟既済事件のうち控訴提起により受理した事件数―審理期間（原審受理から終局まで）別―全高等裁判所

本表は，第一審に差戻し後の再度の控訴，第一審判決に対して再審を申し立てたものの控訴，仮差押，仮処分事件の判決に対する控訴並びに仮執行の原状回復及び損害賠償の申立てを含まない。

控訴提起により受理した事件総数	1月以内	2月以内	3月以内	6月以内	1年以内	2年以内	3年以内	4年以内	5年以内	5年を超える
754	1	-	4	22	67	339	187	75	37	22

第73表　行政控訴審訴訟既済事件のうち，口頭弁論及び争点等の整理
　　　　手続（準備的口頭弁論，弁論準備）を経た事件数―口頭弁論，
　　　　争点等整理手続（準備的口頭弁論，弁論準備）の実施回数別
　　　　―全高等裁判所

	総数	1回	2回	3回	4回	5回	6回	7回	8回	9回	10回	11〜15回	16回以上
口頭弁論を経た事件	707	542	108	29	13	6	6	2	1	-	-	-	-
争点等整理手続（準備的口頭弁論，弁論準備）を経た事件	25	6	4	1	5	2	3	1	1	2	-	-	-

第74表　行政控訴審訴訟既済事件数―弁護士選任状況別―全高等裁判所

総数	弁護士を付けたもの				
	総数	双方	一方		
			総数	控訴人側	被控訴人側
777	626	242	384	245	139

第75表　行政控訴審訴訟既済事件の証拠調べ―全高等裁判所

証人		当事者尋問		鑑定	うち鑑定人質問等実施	検証
件数（件）	延べ人員（人）	件数（件）	延べ人員（人）	定（件）		証（件）
7	11	4	5	-	-	1

第76表　調停事件数―事件の種類及び新受，既済，未済―全簡易裁判所

事　件　の　種　類	新受	既済	未済
総　　　　　　　　数	29 764	29 716	8 838
一　　　　　　　　般	16 266	16 389	4 429
宅　地　　建　　物	4 148	3 974	1 707
農　　　　　　　事	22	22	2
商　　　　　　　事	4 216	4 133	1 027
交　　　　　　　通	2 078	2 136	937
公　　害　　　等	75	73	32
特　　　　　　　定	2 959	2 989	704

第77表　調停未済事件数―審理期間別―全簡易裁判所

総数	3月以内	6月以内	1年以内	2年以内	3年以内	3年を超える
8 838	5 412	1 685	1107	485	116	33

第78表　調停既済事件数―事件の種類及び終局区分別―全簡易裁判所

事　件　の　種　類	総数	成立	不成立	調停に代わる決定	調停条項を定めたもの	調停条項を受諾したもの	調停をしないとしたもの	取下げ	その他
総　　　　　　　　数	29 716	9 906	9 255	5 686	3	–	213	4 148	505
一　　　　　　　　般	16 389	5 437	5 402	3 164	–	–	118	2 055	213
宅　地　　建　　物	3 974	1 636	1 651	107	–	–	5	536	39
農　　　　　　　事	22	7	3	–	–	–	–	2	10
商　　　　　　　事	4 133	1 323	1 313	780	1	–	9	496	211
交　　　　　　　通	2 136	950	702	108	–	–	2	349	25
公　　害　　　等	73	19	38	1	–	–	–	15	–
特　　　　　　　定	2 989	534	146	1 526	2	–	79	695	7

第79表　調停既済事件数—事件の種類及び審理期間別—全簡易裁判所

事件の種類	総数	1月以内	2月以内	3月以内	6月以内	1年以内	2年以内	3年以内	4年以内	5年以内	5年を超える
総　数	29 716	4 924	7 715	5 526	7 189	3 276	891	159	33	3	–
一　般	16 389	3 680	4 135	2 803	3 593	1 573	465	112	27	1	–
宅地建物	3 974	234	703	628	1 425	795	174	14	1	–	–
農　事	22	11	4	4	2	1	–	–	–	–	–
商　事	4 133	720	1 673	799	632	259	40	7	2	1	–
交　通	2 136	124	306	353	661	491	175	22	3	1	–
公害等	73	2	15	10	25	16	5	–	–	–	–
特　定	2 989	153	879	929	851	141	32	4	–	–	–

第80表　調停既済事件数—終局区分及び調停期日の実施回数別—全簡易裁判所

終局区分	総数	実施無し	実施有り						
			1回	2回	3回	4・5回	6～10回	11～15回	16回以上
総　数	29 716	4 827	9 578	6 936	3 655	3 088	1 431	167	34
成　立	9 906	–	3 062	2 399	1 670	1 707	918	125	25
不成立	9 255	25	3 445	3 110	1 226	1 041	374	26	8
調停に代わる決定	5 686	2 504	1 746	769	442	159	57	9	–
取下げ	4 148	1 727	1 227	630	302	174	80	7	1
その他	721	571	98	28	15	7	2	–	–

第81表　調停既済事件数—出頭代理人別—全簡易裁判所

事件総数	出頭代理人有り					
	申立人			相手方		
	弁護士	司法書士	その他	弁護士	司法書士	その他
29 716	11 016	234	3 100	7 227	42	1 931

第82表　調停事件数—事件の種類及び新受，既済，未済—全地方裁判所

事　件　の　種　類	新受	既済	未済
総　　　　　数	3 129	3 019	1234
一　　　　般	2 107	2 092	558
宅　地　建　物	320	286	129
農　　　　事	135	135	43
商　　　　事	499	419	485
鉱　　　　害	－	－	－
交　　　　通	35	35	4
公　害　等	－	－	－
特　　　　定	33	52	15

第83表　調停未済事件数—審理期間別—全地方裁判所

総　数	3月以内	6月以内	1年以内	2年以内	3年以内	3年を超える
1 234	398	266	282	214	55	19

第84表　調停既済事件数—事件の種類及び終局区分別—全地方裁判所

事　件　の　種　類	総数	成立	不成立	調停に代わる決定	調停条項を定めたもの	調停条項を受諾したもの	調停をしないとしたもの	取下げ	その他
総　　　　　数	3 019	702	399	1 792	－	－	8	37	81
一　　　　般	2 092	283	193	1 555	－	－	6	4	51
宅　地　建　物	286	85	68	120	－	－	－	3	10
農　　　　事	135	51	53	3	－	－	2	24	2
商　　　　事	419	255	84	62	－	－	－	1	17
鉱　　　　害	－	－	－	－	－	－	－	－	－
交　　　　通	35	5	1	29	－	－	－	－	－
公　害　等	－	－	－	－	－	－	－	－	－
特　　　　定	52	23		23	－	－	－	5	1

64

第85表　調停既済事件数—事件の種類及び審理期間別—全地方裁判所

事件の種類	総数	1月以内	2月以内	3月以内	6月以内	1年以内	2年以内	3年以内	4年以内	5年以内	5年を超える
総　数	3 019	1 767	83	85	302	409	303	53	13	3	1
一　般	2 092	1 549	37	33	96	180	164	25	6	1	1
宅地建物	286	124	2	12	66	64	16	1	1	–	–
農事	135	7	28	21	49	25	4	1	–	–	–
商事	419	58	5	18	57	128	119	26	6	2	–
鉱害	–	–	–	–	–	–	–	–	–	–	–
交通	35	29	2	1	2	1	–	–	–	–	–
公害等	–	–	–	–	–	–	–	–	–	–	–
特定	52	–	9	–	32	11	–	–	–	–	–

第86表　調停既済事件数—終局区分及び調停期日の実施回数別—全地方裁判所

終局区分	総数	実施無し	1回	2回	3回	4・5回	6~10回	11~15回	16回以上
総　数	3 019	1 719	151	133	140	243	394	163	76
成立	702	–	39	41	76	162	241	98	45
不成立	399	1	38	53	60	61	113	52	21
調停に代わる決定	1 792	1 683	59	21	1	6	17	2	3
取下げ	37	10	8	14	–	2	3	–	–
その他	89	25	7	4	3	12	20	11	7

第87表　調停既済事件数—出頭代理人別—全地方裁判所

事件総数	出頭代理人有り			
	申立人		相手方	
	弁護士	その他	弁護士	その他
3 019	1174	7	1029	43

第 88 表　　商事非訟既済事件（特別清算）数―終局区分別
　　　　　　―全地方裁判所

事件の種類	総数	開始決定前				開始決定後		
		総数	棄却又は却下	取下げ	その他	総数	終結	その他
特別清算	315	8	1	4	3	307	306	1

第 89 表　　商事非訟未済事件（特別清算）数―審理期間別
　　　　　　―全地方裁判所

事件の種類	総数	6月以内	1年以内	2年以内	3年以内	5年以内	10年以内	10年を超える
特別清算	148	112	19	9	7	－	1	－

第90表　配偶者暴力等に関する保護命令既済事件数—終局区分別 —全地方裁判所

総数	被害者に関する保護命令のみ発令されたもの						子への接近禁止命令及び親族等への接近禁止命令が同時に発令されたもの		子への接近禁止命令が発令されたもの 1)		親族等への接近禁止命令が発令されたもの 2)		却下	取下げ等
	接近禁止命令・退去等命令・電話等禁止命令	接・退去等命令・近禁止命令	接近禁止命令・電話等禁止命令・	接近命令の禁止	退去命令のみ	電話等禁止命令（事後発令）	被害者への命令の接近と同時	事後的な子及び親族等への接近禁止命令の禁止命令	被害者への命令の接近と同時	事後的な子への接近禁止命令	被害者への命令の接近と同時	事後的な等への親族接近禁止命令		
1 998	96	6	268	26	2	2	336	1	644	–	209	1	99	308

1),2)　子への接近禁止命令及び親族等への接近禁止命令が同時に発令されたものを除く。

第91表　労働審判事件数—事件の種類及び新受，既済，未済 —全地方裁判所

事件の種類	新受	既済	未済
総数	3 665	3 670	894
金銭を目的とするもの以外			
地位確認（解雇等）	1 601	…	…
その他	31	…	…
金銭を目的とするもの			
賃金手当等（解雇予告手当を含む。）	1 534	…	…
退職金	94	…	…
その他	405	…	…

第92表　労働審判既済事件数—事件の種類及び終局区分別 —全地方裁判所

事件の種類	労働審判	調停成立	決定	労働審判事件の終了（法・条）	取下げ	その他
総数	579	2 614	25	167	281	4
金銭を目的とするもの以外						
地位確認（解雇等）	267	1 129	11	61	95	2
その他	6	21	–	3	4	–
金銭を目的とするもの						
賃金手当等（解雇予告手当を含む。）	236	1 119	9	67	125	2
退職金	16	43	1	5	14	–
その他	54	302	4	31	43	–

第93表　支払督促が発付された債務者数及び支払督促に対する結果別債務者数—全簡易裁判所

支払督促が発付された債務者数（人）	異議の申立てのあった債務者数（人）	仮執行の宣言を付した債務者数（人）	仮執行宣言後異議申立てのあった債務者数（人）
311 073	73 046	117 612	7 884

第94表　保全命令未済事件数—審理期間別—全簡易裁判所

総数	3月以内	6月以内	1年以内	2年以内	2年を超える
40	39	-	1	-	-

第95表　仮処分既済事件数—終局区分別—全簡易裁判所

総数	決定				和解	取下げ	その他
	総数	認容	棄却・却下	移送			
683	643	641	2	-	3	31	6

第96表　仮処分既済事件数—審理期間別—全簡易裁判所

総数	10日以内	20日以内	1月以内	2月以内	3月以内	6月以内	1年以内	2年以内	3年以内	3年を超える
683	566	96	10	9	-	2	-	-	-	-

第97表　保全命令未済事件数—審理期間別—全地方裁判所

総数	3月以内	6月以内	1年以内	2年以内	2年を超える
865	682	105	55	21	2

第98表　仮処分既済事件数—終局区分別—全地方裁判所

総数	決定				和解	取下げ	その他
	総数	認容	棄却・却下	移送			
5 331	3 267	2 858	406	3	570	1 467	27

第99表　仮処分既済事件数—審理期間別—全地方裁判所

総数	10日以内	20日以内	1月以内	2月以内	3月以内	6月以内	1年以内	2年以内	3年以内	3年を超える
5 331	1 408	1 097	669	943	445	529	180	53	6	1

第100表　民事執行未済事件数─事件の種類及び審理期間別
　　　　─全地方裁判所

事　件　の　種　類	総数	6月以内	1年以内	2年以内	3年以内	5年以内	10年以内	10年を超える
事情届に基づいて執行裁判所が実施する配当等手続	24 680	20 907	1 142	567	154	229	469	1 212
強　制　執　行	103 397	39 664	12 908	16 203	10 606	11 539	9 189	3 288
不動産等に対する強制競売，強制管理	2 790	1 899	581	244	35	23	4	4
債権及びその他の財産権に対する強制執行	100 607	37 765	12 327	15 959	10 571	11 516	9 185	3 284
担　保　権　実　行	15 046	7 801	4 246	1 454	384	361	408	392
不動産等を目的とする担保権の実行としての競売等	12 736	7 306	3 996	1 153	155	62	37	27
債権及びその他の財産権を目的とする担保権の実行及び行使	2 310	495	250	301	229	299	371	365

第101表　民事執行既済事件数─事件の種類及び終局区分別
　　　　─全地方裁判所

本表から第103表までは，全て新法を対象としたものである。

事　件　の　種　類	総数	終結	他の事件で実施した配当等をもの	却下	取消し	取下げ	その他
事情届に基づいて執行裁判所が実施する配当等手続	67 880	16 141	49 269	－	6	4	2 460
強　制　執　行	129 813	14 418	1 879	50	2 561	105 746	5 159
不動産等に対する強制競売，強制管理	5 228	1 218	63	3	1 130	2 788	26
債権及びその他の財産権に対する強制執行	124 585	13 200	1 816	47	1 431	102 958	5 133
担　保　権　実　行	18 097	11 751	164	25	549	4 645	963
不動産等を目的とする担保権の実行としての競売等	15 976	11 622	149	6	543	3 579	77
債権及びその他の財産権を目的とする担保権の実行及び行使	2 121	129	15	19	6	1 066	886

第102表　民事執行既済事件数―事件の種類及び審理期間別 ―全地方裁判所

事　件　の　種　類	総数	1月以内	2月以内	3月以内	6月以内	1年以内	2年以内	3年以内	4年以内	5年以内	5年を超える
事情届に基づいて執行裁判所が実施する配当等手続	67 880	2 797	15 812	12 608	27 547	8 499	445	62	71	9	30
強　　制　　執　　行	129 813	24 611	33 730	17 924	19 747	12 491	8 877	3 283	1 647	1 004	6 499
不動産等に対する強制競売，強制管理	5 228	322	1 002	752	1 388	1 259	445	45	9	5	1
債権及びその他の財産権に対する強制執行	124 585	24 289	32 728	17 172	18 359	11 232	8 432	3 238	1 638	999	6 498
担　保　権　実　行	18 097	209	478	534	2 061	10 672	2 630	285	84	46	1 098
不動産等を目的とする担保権の実行としての競売等	15 976	107	358	469	1 878	10 403	2 462	227	41	18	13
債権及びその他の財産権を目的とする担保権の実行及び行使	2 121	102	120	65	183	269	168	58	43	28	1 085

第103表　強制執行既済事件数―事件の種類及び債務名義等の種類別 ―全地方裁判所

事　件　の　種　類	総数	判決	支払督促	執行証書	和解調書	調停調書	緊急換価等	その他
不動産等強制執行	5 228	3 407	1 105	114	340	63	2	197
債権及びその他の財産権に対する強制執行	124 585	65 101	39 243	2 626	6 451	2 964	－	8 200

第104表　執行官事務事件数―事件の種類及び新受，既済，未済 ―全地方裁判所

事　件　の　種　類	新 受	既 済	未 済
総　　　　　　　　　数 （　送　達　等　事　件　を　含　む　）	92 139	91 858	10 689
う　ち			
執　　イ　　事　　件	18 502	18 485	1 614
執　　ロ　　事　　件	25 756	25 460	3 380
不　動　産　等　の　引　渡　し	23 712	23 404	2 982
そ　　　の　　　他	2 044	2 056	398
執　　ハ　　事　　件	2 469	2 584	1 219
不　動　産　等　売　却　事　件	22 965	23 208	2 260
現　況　調　査　等　事　件	20 504	20 210	2 144

注)　「執イ事件」は動産執行及び動産競売を，「執ロ事件」の「その他」は動産の引渡執行，代替執行等を，「執ハ事件」は仮差押え，仮処分等の保全処分の執行をそれぞれ指す。

第105表　破産新受事件数―受理区分別―全地方裁判所

新			受			本年中に破産手続開始	始決定のあったもの
総数	自然人	自己破産	法人・その他	自己破産			
80 202	73 292	73 095	6 910	6 743		78 415	

第106表　破産未済事件数―審理期間別―全地方裁判所

総数	6月以内	1年以内	2年以内	3年以内	5年以内	10年以内	10年を超える
25 622	18 706	4 334	2 084	345	133	20	―

第107表　破産既済事件数―終局区分及び審理期間別―全地方裁判所

終局区分	総数	1月以内	3月以内	6月以内	1年以内	2年以内	3年以内	4年以内	5年以内	10年以内	10年を超える
総　数	79 318	27 925	21 062	16 062	9 852	3 785	464	90	41	35	2
破産手続終結	6 585	―	―	965	3 234	2 006	284	50	27	18	1
破産手続廃止	71 114	27 313	20 509	14 823	6 466	1 756	175	40	14	17	1
うち異時・同意廃止	25 143	―	3 808	13 131	6 215	1 742	175	40	14	17	1
うち同時廃止	45 971	27 313	16 701	1 692	251	14	―	―	―	―	―
その他	1 619	612	553	274	152	23	5	―	―	―	―

第 108 表　　破産既済事件数―破産者及び終局区分別―全地方裁判所

破産者	総数	破産手続終結					破産手続廃止				棄却又は却下	取下げ	その他
		総数	最後配当	簡易配当	同意配当	その他	総数	同時廃止	異時廃止	同意廃止			
総　数	79 318	6 585	378	6 008	192	7	71 114	45 971	25 141	2	123	1 295	201
うち自己破産	78 829	6 486	342	5 952	185	7	70 868	45 925	24 941	2	108	1 176	191
自　然　人	72 590	4 994	109	4 722	157	6	66 143	45 971	20 170	2	109	1 172	172
うち自己破産	72 307	4 946	102	4 687	151	6	65 996	45 925	20 069	2	102	1 100	163
法人・その他	6 728	1 591	269	1 286	35	1	4 971	-	4 971	-	14	123	29
うち自己破産	6 522	1 540	240	1 265	34	1	4 872	-	4 872	-	6	76	28

74

第 109 表　　再生既済事件数―事件の種類及び終局区分別
　　　　　　　―全地方裁判所

事 件 の 種 類	総数	再生手続廃止	再生計画不認可	再生計画取消し	再生手続終結	棄却又は却下	取下げ	その他
総　　　　　　数	13 601	353	42	–	12 724	37	414	31
再　　　　　生	122	25	–	–	92	1	4	–
小 規 模 個 人 再 生	12 628	312	41	–	11 860	32	355	28
給 与 所 得 者 等 再 生	851	16	1	–	772	4	55	3

第110表　　会社更生既済事件数―終局区分別―全地方裁判所

総数	開始決定前				開始決定後										その他
	総数	棄却又は却下	取下げ	その他	総数	更生手続廃止（更生手続困難）	開始原因消滅（更生手続廃止）	更生計画不認可	更生手続廃止（計画遂行困難）	更生手続開始決定の取消し	更生手続終結決定				
											総数	更生計画遂行	更生計画遂行確実（三分の二以上弁済）	その他（更生計画遂行確実）	
8	-	-	-	-	8	1	-	-	-	-	7	7	-	-	-

第111表　　会社更生未済事件数―審理期間別―全地方裁判所

本表は，更生計画認可決定後の未済件数を含まない。

総数	6月以内	1年以内	2年以内	3年以内	5年以内	10年以内	10年を超える
1	-	1	-	-	-	-	-

第112表　　会社更生終結決定事件数―審理期間別―全地方裁判所

総数	1月以内	3月以内	6月以内	1年以内	2年以内	3年以内	5年以内	5年を超える
7	-	-	-	-	-	-	6	1

第113表　抗告既済事件数―終局区分別―全高等裁判所

| 民事・行政 | 総数 | 決定 | | | | 命令 | 取下げ | その他 |
		却下	棄却	取消し	移送			
	6 330	144	4 423	1030	95	224	220	194

注)　本表総数＝第3表の民事抗告及び行政抗告の全国既済総数－原裁判所が高等裁判所のもの（0件）

第114表　許可抗告既済事件数―終局区分別―全高等裁判所

民事・行政 総数	許可	不許可	取下げ	その他
1 642	17	1 044	55	526

第115表　特別抗告及び許可抗告既済事件数―終局区分別―最高裁判所

（　）内の数字は，許可抗告の事件で外数である。

| 民事・行政 総数 | 決定 | | | | 取下げ | その他 |
	棄却	却下	移送	破棄		
1 311	1 289	8	8	－	4	2
(19)	(14)	(－)	(1)	(4)	(－)	(－)

司法統計年報　1 民事・行政編　令和元年　　書籍番号 500211

令和2年9月25日　第1版第1刷発行

編　　集　　最 高 裁 判 所 事 務 総 局

発 行 人　　門　　田　　友　　昌

発 行 所　一般財団法人　法　　曹　　会

〒100-0013　東京都千代田区霞が関1-1-1
振替口座　00120-0-15670
電　話　03-3581-2146
http://www.hosokai.or.jp/

落丁・乱丁はお取替えいたします。　印刷製本／（株）白樺写真工芸

ISBN 978-4-86684-051-2

本誌は再生紙を使用しています。

平成３０年司法統計年報　１民事・行政編　正誤表

ページ	表番号	箇　　所		誤	正
		表　　側	表　　頭		
2	第1-1表	全裁判所－平成22年	総数－新受	2 179 355	2 179 358
			訴訟事件－未済	263 998	263 997
			その他の事件－新受	1 181 081	1 181 084
			その他の事件－未済	257 077	257 078
		全裁判所－平成25年	総数－新受	1 524 018	1 524 017
			総数－既済	1 544 356	1 544 359
			総数－未済	411 565	411 552
			その他の事件－新受	913 584	913 583
			その他の事件－既済	921 273	921 276
			その他の事件－未済	215 931	215 918
		全裁判所－平成26年	総数－既済	1 464 960	1 464 962
			総数－未済	402 335	402 320
			その他の事件－既済	887 416	887 418
			その他の事件－未済	205 744	205 729
		全裁判所－平成27年	総数－新受	1 432 320	1 432 324
			総数－既済	1 425 475	1 425 487
			総数－未済	409 180	409 157
			訴訟事件－既済	531 264	531 265
			訴訟事件－未済	190 475	190 474
			その他の事件－新受	856 407	856 411
			その他の事件－既済	853 948	853 959
			その他の事件－未済	208 203	208 181
		全裁判所－平成28年	総数－新受	1 470 647	1 470 655
			総数－既済	1 482 919	1 482 939
			総数－未済	396 908	396 873
			訴訟事件－新受	539 567	539 568
			訴訟事件－既済	541 621	541 623
			訴訟事件－未済	188 421	188 419
			その他の事件－新受	891 889	891 896
			その他の事件－既済	901 663	901 681
			その他の事件－未済	198 429	198 396
		全裁判所－平成29年	総数－新受	1 529 385	1 529 392
			総数－既済	1 526 317	1 526 351
			総数－未済	399 976	399 914
			訴訟事件－新受	545 039	545 038
			訴訟事件－既済	545 707	545 709
			訴訟事件－未済	187 753	187 748
			その他の事件－新受	948 407	948 415
			その他の事件－既済	944 622	944 654
			その他の事件－未済	202 214	202 157
		全裁判所－平成30年	総数－新受	1 552 708	1 552 739
			総数－既済	1 536 911	1 537 135
			総数－未済	415 773	415 518
			訴訟事件－新受	536 894	536 897
			訴訟事件－既済	535 632	535 636
			訴訟事件－未済	189 015	189 009
			調停事件－既済	34 111	34 112
			調停事件－未済	9 917	9 916
			その他の事件－新受	981 795	981 823
			その他の事件－既済	967 168	967 387
			その他の事件－未済	216 841	216 593
3		高等裁判所－平成30年	総数－既済	35 225	35 236
			総数－未済	9 799	9 788
			訴訟事件－新受	20 026	20 027
			訴訟事件－既済	20 496	20 498
			訴訟事件－未済	7 174	7 173
			その他の事件－新受	14 013	14 012
			その他の事件－既済	14 718	14 727
			その他の事件－未済	2 623	2 613
		地方裁判所－平成22年	総数－新受	817 062	817 065
			訴訟事件－未済	129 667	129 666
			その他の事件－新受	550 463	550 466
			その他の事件－未済	239 144	239 145
		地方裁判所－平成25年	総数－新受	611 751	611 750

1

ページ	表番号	箇　　　　　　所		誤	正
		表　　側	表　　頭		
3	第1-1表	地方裁判所－平成25年	総数－既済	624 404	624 407
			総数－未済	301 662	301 649
			その他の事件－新受	432 036	432 035
			その他の事件－既済	441 753	441 756
			その他の事件－未済	197 538	197 525
		地方裁判所－平成26年	総数－既済	589 977	589 979
			総数－未済	292 231	292 216
			その他の事件－既済	419 791	419 793
			その他の事件－未済	187 445	187 430
		地方裁判所－平成27年	総数－既済	576 110	576 118
			総数－未済	293 652	293 629
			訴訟事件－既済	164 782	164 783
			訴訟事件－未済	106 429	106 428
			その他の事件－既済	408 139	408 146
			その他の事件－未済	186 253	186 231
		地方裁判所－平成28年	総数－新受	581 470	581 472
			総数－既済	587 230	587 248
			総数－未済	287 892	287 853
			訴訟事件－新受	169 920	169 921
			訴訟事件－既済	170 578	170 580
			訴訟事件－未済	105 771	105 769
			その他の事件－新受	408 079	408 080
			その他の事件－既済	413 166	413 182
			その他の事件－未済	181 166	181 129
		地方裁判所－平成29年	総数－新受	593 796	593 795
			総数－既済	589 902	589 930
			総数－未済	291 786	291 718
			訴訟事件－既済	166 687	166 686
			訴訟事件－未済	106 378	106 377
			その他の事件－新受	423 271	423 270
			その他の事件－既済	420 111	420 140
			その他の事件－未済	184 326	184 259
		地方裁判所－平成30年	総数－新受	588 904	588 921
			総数－既済	580 260	580 452
			総数－未済	300 430	300 187
			訴訟事件－新受	157 398	157 399
			訴訟事件－既済	157 930	157 932
			訴訟事件－未済	105 846	105 844
			調停事件－既済	3 004	3 005
			調停事件－未済	1 125	1 124
			その他の事件－新受	428 459	428 475
			その他の事件－既済	419 326	419 515
			その他の事件－未済	193 459	193 219
		簡易裁判所－平成27年	総数－新受	809 591	809 595
			総数－既済	803 656	803 660
			その他の事件－新受	433 048	433 052
			その他の事件－既済	429 928	429 932
		簡易裁判所－平成28年	総数－新受	845 786	845 792
			総数－既済	851 356	851 358
			総数－未済	96 268	96 272
			その他の事件－新受	468 091	468 097
			その他の事件－既済	472 556	472 558
			その他の事件－未済	13 689	13 693
		簡易裁判所－平成29年	総数－新受	882 112	882 120
			総数－既済	882 743	882 749
			総数－未済	95 637	95 643
			訴訟事件－新受	351 165	351 164
			訴訟事件－既済	352 080	352 083
			訴訟事件－未済	72 567	72 563
			その他の事件－新受	498 243	498 252
			その他の事件－既済	497 789	497 792
			その他の事件－未済	14 143	14 153
		簡易裁判所－平成30年	総数－新受	922 922	922 936
			総数－既済	914 723	914 744
			総数－未済	103 836	103 835

ページ	表番号	箇所 表側	箇所 表頭	誤	正
3	第1-1表	簡易裁判所－平成30年	訴訟事件－新受	354 720	354 721
			訴訟事件－未済	74 797	74 794
			その他の事件－新受	537 243	537 256
			その他の事件－既済	531 137	531 158
			その他の事件－未済	20 249	20 251
4	第1-2表	高等裁判所－平成30年	民事事件－再審（訴訟）	255	256
			民事事件－再審（抗告）	406	405
6		地方裁判所－平成21年	民事・行政総数	847 145	847 142
			民事事件－総数	843 323	843 321
			民事事件－担保権の実行としての競売等－不動産	62 832	62 830
7			行政事件－総数	3 822	3 821
			行政事件－控訴提起	881	880
6		地方裁判所－平成22年	民事・行政総数	817 062	817 065
			民事事件－総数	812 889	812 892
			民事事件－担保権の実行としての競売等－不動産	46 308	46 311
		地方裁判所－平成25年	民事・行政総数	611 751	611 750
			民事事件－総数	607 227	607 226
7			民事事件－抗告提起	3 436	3 435
6		地方裁判所－平成28年	民事・行政総数	581 470	581 472
			民事事件－総数	576 642	576 644
			民事事件－通常訴訟	148 306	148 307
7			民事事件－雑	56 148	56 149
6		地方裁判所－平成29年	民事・行政総数	593 796	593 795
			民事事件－総数	589 231	589 230
7			民事事件－雑	57 095	57 094
6		地方裁判所－平成30年	民事・行政総数	588 904	588 921
			民事事件－総数	584 839	584 856
			民事事件－通常訴訟	138 443	138 444
7			民事事件－抗告提起	2 942	2 943
			民事事件－配当等手続	65 580	65 579
6			民事事件－過料	48 002	48 013
7			民事事件－雑	50 619	50 624
6		簡易裁判所－平成27年	民事・行政総数	809 591	809 595
			民事事件－総数	809 462	809 466
7			民事事件－雑	116 373	116 377
6		簡易裁判所－平成28年	民事・行政総数	845 786	845 792
			民事事件－総数	845 652	845 658
7			民事事件－督促	275 165	275 166
			民事事件－雑	120 007	120 012
6		簡易裁判所－平成29年	民事・行政総数	882 112	882 120
			民事事件－総数	882 022	882 030
			民事事件－少額異議判決に対する特別上告提起	8	7
7			民事事件－雑	134 198	134 207
6		簡易裁判所－平成30年	民事・行政総数	922 922	922 936
			民事事件－総数	922 817	922 831
			民事事件－通常訴訟	341 348	341 349
7			民事事件－督促	329 120	329 119
			民事事件－雑	143 716	143 730
9	第3表	民事・行政総数	全国総数－既済	35 225	35 236
			全国総数－未済	9 799	9 788
			東京－既済	14 953	14 961
			東京－未済	3 987	3 979
			福岡－既済	3 080	3 081
			福岡－未済	895	894
			札幌－既済	939	941
			札幌－未済	213	211
		民事総数	全国総数－既済	31 352	31 362
			全国総数－未済	8 726	8 716
			東京－既済	*13 613	*13 619
			東京－未済	*3 673	*3 667
			大阪－既済	7 584	7 585
			大阪－未済	1 965	1 964
			福岡－既済	2 879	2 880
			福岡－未済	829	828

3

ページ	表番号	箇所 表側	箇所 表頭	誤	正
9	第3表	民事総数	札幌－既済	875	877
			札幌－未済	185	183
		再審（訴訟）－民事	全国総数－新受	255	256
			全国総数－未済	139	140
			大阪－新受	70	71
			大阪－未済	26	27
		上告提起－民事	全国総数－既済	2 173	2 174
			全国総数－未済	570	569
			札幌－既済	56	57
			札幌－未済	15	14
		再審（抗告）－民事	全国総数－新受	406	405
			全国総数－未済	254	253
			大阪－新受	137	136
			大阪－未済	55	54
		特別抗告提起－民事	全国総数－既済	2 188	2 189
			全国総数－未済	381	380
			福岡－既済	203	204
			福岡－未済	38	37
		上告受理申立て－民事	全国総数－既済	2 417	2 418
			全国総数－未済	670	669
			札幌－既済	71	72
			札幌－未済	18	17
		雑－民事	全国総数－既済	3 347	3 354
			全国総数－未済	497	490
			東京－既済	1 422	1 428
			東京－未済	260	254
			大阪－既済	1 064	1 065
			大阪－未済	121	120
		行政総数	全国総数－既済	3 873	3 874
			全国総数－未済	1 073	1 072
			東京－既済	1 340	1 342
			東京－未済	314	312
			大阪－既済	1 331	1 330
			大阪－未済	346	347
		再審（抗告）－行政	全国総数－既済	84	83
			全国総数－未済	63	64
			大阪－既済	60	59
			大阪－未済	39	40
		雑－行政	全国総数－既済	789	791
			全国総数－未済	127	125
			東京－既済	199	201
			東京－未済	30	28
10	第4表	民事・行政総数	全国総数－新受	588 904	588 921
			全国総数－既済	580 260	580 452
			全国総数－未済	300 430	300 187
			東京高裁管内総数－既済	258 954	259 057
			東京高裁管内総数－未済	131 754	131 603
			東京－新受	117 887	117 890
			東京－既済	115 901	115 980
			東京－未済	57 620	57 503
			横浜－新受	36 867	36 866
			横浜－既済	35 899	35 906
			横浜－未済	18 745	18 736
11			さいたま－新受	27 036	27 035
			さいたま－既済	26 111	26 122
			さいたま－未済	13 634	13 622
			千葉－既済	25 066	25 064
			千葉－未済	12 023	12 022
			水戸－既済	11 127	11 126
			水戸－未済	6 031	6 030
			宇都宮－既済	7 378	7 379
			宇都宮－未済	3 787	3 786
			前橋－既済	6 812	6 814
			前橋－未済	4 131	4 129
12			静岡－新受	14 027	14 026

ページ	表番号	箇　　　所		誤	正
		表　　側	表　　頭		
12	第4表	民事・行政総数	静岡－既済	14 188	14 189
			静岡－未済	7 316	7 314
			新潟－既済	6 052	6 057
			新潟－未済	3 211	3 205
13			大阪高裁管内総数－新受	107 285	107 301
			大阪高裁管内総数－既済	106 554	106 610
			大阪高裁管内総数－未済	57 248	57 199
			大阪－新受	54 064	54 065
			大阪－既済	53 950	53 978
			大阪－未済	30 597	30 562
			京都－新受	15 232	15 234
			京都－既済	15 247	15 266
			京都－未済	6 991	6 974
			神戸－新受	23 936	23 948
			神戸－既済	23 475	23 483
			神戸－未済	11 956	11 960
			奈良－既済	5 303	5 305
			奈良－未済	2 723	2 721
14			大津－新受	4 858	4 859
			大津－既済	4 906	4 905
			大津－未済	2 938	2 940
			和歌山－未済	2 043	2 042
			名古屋高裁管内総数－既済	52 559	52 560
			名古屋高裁管内総数－未済	28 561	28 556
			名古屋－未済	16 007	16 004
15			津－既済	6 867	6 866
			津－未済	3 706	3 707
			富山－既済	3 152	3 154
			富山－未済	1 672	1 669
16			広島高裁管内総数－既済	27 456	27 461
			広島高裁管内総数－未済	15 008	15 003
			広島－既済	10 620	10 621
			広島－未済	5 654	5 653
			山口－既済	4 649	4 650
			山口－未済	2 570	2 569
			岡山－既済	7 787	7 790
			岡山－未済	4 312	4 309
17			福岡高裁管内総数－新受	66 021	66 022
			福岡高裁管内総数－既済	65 203	65 213
			福岡高裁管内総数－未済	33 347	33 338
			福岡－既済	25 453	25 457
			福岡－未済	13 098	13 094
			佐賀－既済	3 645	3 647
			佐賀－未済	1 741	1 739
18			長崎－既済	5 514	5 512
			長崎－未済	2 660	2 662
			熊本－既済	6 603	6 605
			熊本－未済	3 639	3 637
			鹿児島－既済	7 275	7 277
			鹿児島－未済	3 979	3 977
19			宮崎－新受	5 164	5 165
			宮崎－既済	5 117	5 118
			那覇－既済	6 885	6 886
			那覇－未済	3 287	3 286
			仙台高裁管内総数－既済	32 187	32 191
			仙台高裁管内総数－未済	16 861	16 857
			仙台－既済	9 460	9 462
			仙台－未済	5 576	5 574
			福島－既済	7 155	7 153
			福島－未済	3 668	3 670
20			山形－既済	3 469	3 473
			山形－未済	1 904	1 900
21			札幌高裁管内総数－既済	22 627	22 628
			札幌高裁管内総数－未済	10 235	10 233
			札幌－既済	15 306	15 308

ページ	表番号	箇　　　　　　　　　　　所		誤	正
		表　　　側	表　　　頭		
21	第4表	民事・行政総数	札幌－未済	7 068	7 065
			釧路－既済	3 239	3 238
			釧路－未済	1 293	1 294
22			高松高裁管内総数－既済	14 720	14 732
			高松高裁管内総数－未済	7 416	7 398
			徳島－既済	2 890	2 900
			徳島－未済	1 466	1 448
23			松山－既済	5 376	5 378
10		民事総数	全国総数－新受	584 839	584 856
			全国総数－既済	576 013	576 182
			全国総数－未済	297 420	297 207
			東京高裁管内総数－既済	256 961	257 059
			東京高裁管内総数－未済	130 395	130 250
			東京－新受	116 457	116 460
			東京－既済	114 383	114 460
			東京－未済	56 750	56 635
			横浜－新受	36 718	36 717
			横浜－既済	35 761	35 768
			横浜－未済	18 679	18 670
11			さいたま－新受	26 953	26 952
			さいたま－既済	26 039	26 050
			さいたま－未済	13 538	13 526
			千葉－既済	24 983	24 981
			千葉－未済	11 918	11 917
			水戸－既済	11 109	11 108
			宇都宮－既済	7 346	7 347
			宇都宮－未済	3 771	3 770
			前橋－既済	6 783	6 785
			前橋－未済	4 104	4 102
12			静岡－新受	13 984	13 983
			静岡－既済	14 150	14 151
			静岡－未済	7 269	7 267
			新潟－既済	6 029	6 031
			新潟－未済	3 181	3 178
13			大阪高裁管内総数－新受	106 426	106 442
			大阪高裁管内総数－既済	105 604	105 648
			大阪高裁管内総数－未済	56 608	56 574
			大阪－新受	53 547	53 548
			大阪－既済	53 371	53 390
			大阪－未済	30 221	30 198
			京都－新受	15 134	15 136
			京都－既済	15 148	15 164
			京都－未済	6 897	6 883
			神戸－新受	23 773	23 785
			神戸－既済	23 274	23 282
			神戸－未済	11 868	11 872
			奈良－既済	5 274	5 276
			奈良－未済	2 686	2 684
14			大津－新受	4 829	4 830
			大津－既済	4 873	4 872
			大津－未済	2 913	2 915
			和歌山－未済	2 023	2 022
			名古屋高裁管内総数－既済	52 119	52 120
			名古屋高裁管内総数－未済	28 260	28 258
15			津－既済	6 815	6 814
			津－未済	3 691	3 692
			富山－既済	3 138	3 140
			富山－未済	1 653	1 650
16			広島高裁管内総数－既済	27 267	27 271
			広島高裁管内総数－未済	14 811	14 807
			広島－既済	10 556	10 557
			広島－未済	5 584	5 583
			山口－既済	4 614	4 615
			山口－未済	2 541	2 540
			岡山－既済	7 719	7 721

ページ	表番号	箇所 表側	箇所 表頭	誤	正
16	第4表	民事総数	岡山－未済	4 247	4 245
17			福岡高裁管内総数－新受	65 675	65 676
			福岡高裁管内総数－既済	64 867	64 873
			福岡高裁管内総数－未済	33 069	33 064
			福岡－既済	25 318	25 320
			福岡－未済	12 996	12 994
			佐賀－既済	3 635	3 637
			佐賀－未済	1 730	1 728
18			長崎－既済	5 474	5 471
			長崎－未済	2 627	2 630
			熊本－既済	6 564	6 565
			熊本－未済	3 580	3 579
			鹿児島－既済	7 257	7 259
			鹿児島－未済	3 959	3 957
19			宮崎－新受	5 140	5 141
			宮崎－既済	5 086	5 087
			那覇－既済	6 853	6 854
			那覇－未済	3 257	3 256
			仙台高裁管内総数－既済	32 080	32 084
			仙台高裁管内総数－未済	16 780	16 776
			仙台－既済	9 416	9 418
			仙台－未済	5 543	5 541
			福島－既済	7 138	7 136
			福島－未済	3 663	3 665
20			山形－既済	3 462	3 466
			山形－未済	1 895	1 891
21			札幌高裁管内総数－既済	22 477	22 478
			札幌高裁管内総数－未済	10 160	10 158
			札幌－既済	15 201	15 203
			札幌－未済	7 015	7 012
			釧路－既済	3 222	3 221
			釧路－未済	1 281	1 282
22			高松高裁管内総数－既済	14 638	14 649
			高松高裁管内総数－未済	7 337	7 320
			徳島－既済	2 880	2 889
			徳島－未済	1 430	1 413
23			松山－既済	5 355	5 357
10		通常訴訟	全国総数－新受	138 443	138 444
			全国総数－既済	138 681	138 682
			全国総数－未済	100 683	100 686
			東京高裁管内総数－既済	71 008	71 009
			東京－既済	43 111	43 112
17			福岡高裁管内総数－新受	13 155	13 156
			福岡高裁管内総数－既済	13 130	13 131
			佐賀－既済	573	575
			佐賀－未済	497	495
18			長崎－既済	913	910
			長崎－未済	627	630
			鹿児島－既済	1 231	1 232
			鹿児島－未済	903	902
19			宮崎－新受	741	742
			宮崎－既済	729	730
			仙台高裁管内総数－既済	4 954	4 952
			仙台高裁管内総数－未済	3 793	3 795
			福島－既済	1 101	1 099
			福島－未済	898	900
21			札幌高裁管内総数－既済	3 780	3 781
			札幌高裁管内総数－未済	2 841	2 840
			札幌－既済	2 877	2 879
			札幌－未済	2 193	2 191
			釧路－既済	386	385
			釧路－未済	278	279
22			高松高裁管内総数－未済	2 028	2 030
23			松山－未済	656	658
10		手形・小切手訴訟	全国総数－既済	86	85

ページ	表番号	箇所 表側	箇所 表頭	誤	正
10	第4表	手形・小切手訴訟	全国総数－未済	33	34
13			大阪高裁管内総数－既済	20	19
			大阪高裁管内総数－未済	10	11
			大阪－既済	15	14
			大阪－未済	6	7
10		再審（訴訟）－民事	全国総数－既済	163	162
			全国総数－未済	99	100
14			名古屋高裁管内総数－既済	13	12
			名古屋高裁管内総数－未済	10	11
			名古屋－既済	11	10
			名古屋－未済	8	9
10		控訴提起－民事	全国総数－既済	10 982	10 985
			全国総数－未済	835	830
			東京高裁管内総数－未済	373	372
11			水戸－未済	15	14
16			広島高裁管内総数－既済	608	609
			広島高裁管内総数－未済	17	16
			広島－既済	250	251
			広島－未済	9	8
19			仙台高裁管内総数－既済	351	352
			仙台高裁管内総数－未済	29	28
			仙台－既済	134	135
			仙台－未済	12	11
21			札幌高裁管内総数－未済	18	17
			札幌－未済	14	13
22			高松高裁管内総数－既済	292	293
			高松高裁管内総数－未済	18	17
23			松山－既済	95	96
			松山－未済	6	5
10		上告提起	全国総数－未済	127	126
			東京高裁管内総数－未済	46	45
			東京－未済	12	11
		抗告	全国総数－未済	42	41
			東京高裁管内総数－未済	20	19
			東京－未済	17	16
		抗告提起－民事	全国総数－新受	2 942	2 943
			全国総数－既済	2 826	2 831
			全国総数－未済	513	501
			東京高裁管内総数－既済	1 189	1 190
			東京高裁管内総数－未済	174	170
			東京－未済	108	105
11			さいたま－既済	100	101
			さいたま－未済	4	3
13			大阪高裁管内総数－新受	900	901
			大阪高裁管内総数－既済	863	866
			大阪高裁管内総数－未済	229	222
			大阪－既済	365	368
			大阪－未済	106	98
14			大津－新受	19	20
			大津－未済	1	2
17			福岡高裁管内総数－既済	223	224
			福岡高裁管内総数－未済	39	38
			福岡－既済	91	92
			福岡－未済	24	23
10		商事非訟－その他	全国総数－既済	1 694	1 695
			全国総数－未済	272	271
21			札幌高裁管内総数－既済	66	67
			札幌高裁管内総数－未済	7	6
			札幌－既済	35	36
			札幌－未済	3	2
10		配当等手続	全国総数－新受	65 580	65 579
			全国総数－既済	64 130	64 128
			全国総数－未済	22 879	22 880
			東京高裁管内総数－新受	25 362	25 359
			東京高裁管内総数－既済	24 677	24 676

ページ	表番号	箇所 表 側	箇所 表 頭	誤	正
10	第4表	配当等手続	東京高裁管内総数－未済	9 778	9 776
			横浜－新受	4 953	4 952
			横浜－未済	1 981	1 980
11			さいたま－新受	3 383	3 382
			さいたま－未済	1 188	1 187
			水戸－既済	1 716	1 715
			水戸－未済	552	553
12			静岡－新受	1 576	1 575
			静岡－未済	535	534
13			大阪高裁管内総数－新受	8 588	8 590
			大阪高裁管内総数－既済	8 500	8 499
			大阪高裁管内総数－未済	3 268	3 271
			京都－新受	1 061	1 063
			京都－未済	377	379
14			大津－既済	581	580
			大津－未済	233	234
10		強制執行－債権	全国総数－既済	117 161	117 160
			全国総数－未済	94 630	94 631
14			名古屋高裁管内総数－既済	12 280	12 279
			名古屋高裁管内総数－未済	9 394	9 395
15			津－既済	1 815	1 814
			津－未済	1 345	1 346
10		担保権の実行としての競売等－不動産	全国総数－未済	12 962	12 963
			東京高裁管内総数－未済	6 025	6 026
			東京－未済	1 066	1 067
		過料	全国総数－新受	48 002	48 013
			全国総数－未済	15 566	15 577
13			大阪高裁管内総数－新受	11 232	11 243
			大阪高裁管内総数－未済	5 427	5 438
			神戸－新受	2 542	2 553
			神戸－未済	1 125	1 136
10		共助－民事	全国総数－既済	1 742	1 745
			全国総数－未済	179	176
			東京高裁管内総数－既済	828	829
			東京高裁管内総数－未済	96	95
			東京－既済	490	491
			東京－未済	73	72
19			仙台高裁管内総数－既済	51	53
			仙台高裁管内総数－未済	6	4
20			山形－既済	3	5
			山形－未済	2	－
10		雑－民事	全国総数－新受	50 619	50 624
			全国総数－既済	50 545	50 705
			全国総数－未済	6 345	6 137
			東京高裁管内総数－新受	26 882	26 885
			東京高裁管内総数－既済	26 798	26 894
			東京高裁管内総数－未済	3 109	2 973
			東京－新受	16 337	16 340
			東京－既済	16 229	16 304
			東京－未済	1 852	1 742
			横浜－既済	2 923	2 930
			横浜－未済	407	399
11			さいたま－既済	1 859	1 869
			さいたま－未済	189	179
			千葉－既済	1 715	1 713
			千葉－未済	186	185
			宇都宮－既済	515	516
			宇都宮－未済	33	32
			前橋－既済	550	552
			前橋－未済	65	63
12			静岡－既済	960	961
			静岡－未済	80	79
			新潟－既済	469	471
			新潟－未済	48	45
13			大阪高裁管内総数－新受	9 986	9 988

9

ページ	表番号	箇 所		誤	正
		表　　側	表　　頭		
13	第4表	雑－民事	大阪高裁管内総数－既済	9 893	9 936
			大阪高裁管内総数－未済	1 353	1 311
			大阪－新受	4 714	4 715
			大阪－既済	4 732	4 749
			大阪－未済	726	710
			京都－既済	2 116	2 132
			京都－未済	182	166
			神戸－新受	2 024	2 025
			神戸－既済	1 992	2 000
			神戸－未済	264	257
			奈良－既済	380	382
			奈良－未済	59	57
14			和歌山－未済	53	52
			名古屋高裁管内総数－既済	4 038	4 041
			名古屋高裁管内総数－未済	527	523
			名古屋－既済	2 111	2 112
			名古屋－未済	274	273
15			富山－既済	219	221
			富山－未済	39	36
16			広島高裁管内総数－既済	1 902	1 904
			広島高裁管内総数－未済	198	196
			岡山－既済	524	526
			岡山－未済	65	63
17			福岡高裁管内総数－既済	3 771	3 775
			福岡高裁管内総数－未済	585	581
			福岡－既済	1 544	1 545
			福岡－未済	272	271
18			熊本－既済	368	369
			熊本－未済	72	71
			鹿児島－既済	378	379
			鹿児島－未済	94	93
19			那覇－既済	424	425
			那覇－未済	50	49
			仙台高裁管内総数－既済	2 044	2 047
			仙台高裁管内総数－未済	329	326
			仙台－既済	672	673
			仙台－未済	214	213
20			山形－既済	187	189
			山形－未済	22	20
21			札幌高裁管内総数－既済	1 303	1 302
			札幌高裁管内総数－未済	130	131
			札幌－既済	846	845
			札幌－未済	97	98
22			高松高裁管内総数－既済	796	806
			高松高裁管内総数－未済	114	96
			徳島－既済	181	190
			徳島－未済	58	41
23			松山－既済	275	276
			松山－未済	29	28
10		調停	全国総数－既済	3 004	3 005
			全国総数－未済	1 125	1 124
16			広島高裁管内総数－既済	100	101
			広島高裁管内総数－未済	30	29
			山口－既済	24	25
			山口－未済	6	5
10		行政総数	全国総数－既済	4 247	4 270
			全国総数－未済	3 010	2 980
			東京高裁管内総数－既済	1 993	1 998
			東京高裁管内総数－未済	1 359	1 353
			東京－既済	1 518	1 520
			東京－未済	870	868
11			水戸－未済	47	46
12			新潟－既済	23	26
			新潟－未済	30	27
13			大阪高裁管内総数－既済	950	962

ページ	表番号	箇 所 表 側	表 頭	誤	正
13	第4表	行政総数	大阪高裁管内総数－未済	640	625
			大阪－既済	579	588
			大阪－未済	376	364
			京都－既済	99	102
			京都－未済	94	91
14			名古屋高裁管内総数－未済	301	298
			名古屋－未済	203	200
16			広島高裁管内総数－既済	189	190
			広島高裁管内総数－未済	197	196
			岡山－既済	68	69
			岡山－未済	65	64
17			福岡高裁管内総数－既済	336	340
			福岡高裁管内総数－未済	278	274
			福岡－既済	135	137
			福岡－未済	102	100
18			長崎－既済	40	41
			長崎－未済	33	32
			熊本－既済	39	40
			熊本－未済	59	58
22			高松高裁管内総数－既済	82	83
			高松高裁管内総数－未済	79	78
			徳島－既済	10	11
			徳島－未済	36	35
10		控訴提起－行政	全国総数－未済	63	62
			東京高裁管内総数－未済	31	30
11			水戸－未済	1	－
10		抗告提起－行政	全国総数－既済	269	271
			全国総数－未済	39	35
13			大阪高裁管内総数－既済	106	107
			大阪高裁管内総数－未済	18	15
			大阪－未済	13	11
			京都－既済	16	17
			京都－未済	4	3
17			福岡高裁管内総数－既済	24	25
			福岡高裁管内総数－未済	2	1
			福岡－既済	11	12
			福岡－未済	2	1
10		雑－行政	全国総数－既済	1 165	1 186
			全国総数－未済	416	391
			東京高裁管内総数－既済	635	640
			東京高裁管内総数－未済	226	221
			東京－既済	552	554
			東京－未済	172	170
12			新潟－既済	6	9
			新潟－未済	4	1
13			大阪高裁管内総数－既済	245	256
			大阪高裁管内総数－未済	76	64
			大阪－既済	164	173
			大阪－未済	37	27
			京都－既済	26	28
			京都－未済	22	20
14			名古屋高裁管内総数－未済	25	22
			名古屋－未済	18	15
16			広島高裁管内総数－既済	48	49
			広島高裁管内総数－未済	32	31
			岡山－既済	19	20
			岡山－未済	12	11
17			福岡高裁管内総数－既済	83	86
			福岡高裁管内総数－未済	43	40
			福岡－既済	44	45
			福岡－未済	13	12
18			長崎－既済	8	9
			長崎－未済	1	－
			熊本－既済	10	11
			熊本－未済	20	19
22			高松高裁管内総数－既済	17	18

ページ	表番号	箇所 表側	箇所 表頭	誤	正
22	第4表	雑－行政	高松高裁管内総数－未済	7	6
			徳島－既済	－	1
			徳島－未済	3	2
24	第5表	民事・行政総数	全国総数－新受	922 922	922 936
			全国総数－既済	914 723	914 744
			全国総数－未済	103 836	103 835
			東京高裁管内総数－新受	533 055	533 070
			東京高裁管内総数－既済	525 787	525 809
			東京高裁管内総数－未済	56 120	56 109
			東京－新受	354 369	354 384
			東京－既済	347 520	347 542
			東京－未済	38 317	38 306
27			札幌高裁管内総数－新受	26 552	26 551
			札幌高裁管内総数－既済	26 675	26 674
			札幌高裁管内総数－未済	3 250	3 260
			札幌－新受	19 851	19 850
			札幌－既済	19 885	19 884
			札幌－未済	2 701	2 711
24		民事総数	全国総数－新受	922 817	922 831
			全国総数－既済	914 618	914 639
			全国総数－未済	103 836	103 835
			東京高裁管内総数－新受	533 004	533 019
			東京高裁管内総数－既済	525 736	525 758
			東京高裁管内総数－未済	56 120	56 109
			東京－新受	354 321	354 336
			東京－既済	347 472	347 494
			東京－未済	38 317	38 306
27			札幌高裁管内総数－新受	26 549	26 548
			札幌高裁管内総数－既済	26 672	26 671
			札幌高裁管内総数－未済	3 250	3 260
			札幌－新受	19 849	19 848
			札幌－既済	19 883	19 882
			札幌－未済	2 701	2 711
24		通常訴訟	全国総数－新受	341 348	341 349
			全国総数－未済	72 376	72 377
			東京高裁管内総数－新受	183 442	183 443
			東京高裁管内総数－未済	37 146	37 147
			東京－新受	129 797	129 798
			東京－未済	24 915	24 916
		控訴提起	全国総数－未済	232	229
			東京高裁管内総数－未済	109	106
			東京－未済	62	59
		少額異議判決に対する特別上告提起	全国総数－未済	3	2
			東京高裁管内総数－未済	2	1
			東京－未済	2	1
		抗告提起	全国総数－既済	724	731
			全国総数－未済	109	102
			東京高裁管内総数－既済	508	515
			東京高裁管内総数－未済	92	85
			東京－既済	464	471
			東京－未済	90	83
		督促	全国総数－新受	329 120	329 119
			全国総数－既済	323 637	323 636
			全国総数－未済	9 931	9 941
27			札幌高裁管内総数－新受	8 262	8 261
			札幌高裁管内総数－既済	8 219	8 218
			札幌高裁管内総数－未済	192	202
			札幌－新受	5 809	5 808
			札幌－既済	5 773	5 772
			札幌－未済	164	174
24		雑－民事	全国総数－新受	143 716	143 730
			全国総数－既済	143 146	143 161
			全国総数－未済	2 575	2 574
			東京高裁管内総数－新受	87 675	87 689
			東京高裁管内総数－既済	87 259	87 274

12

ページ	表番号	箇 所 表 側	表 頭	誤	正
24	第5表	雑－民事	東京高裁管内総数－未済	1 743	1 742
			東京－新受	57 924	57 938
			東京－既済	57 657	57 672
			東京－未済	1 269	1 268
30	第6表		総数	73 017	73 018
			6月以内	67 698	67 699
31	第7表		総数	341 348	341 349
			金銭を目的とする訴え	332 601	332 602
	第8表	総数	決定	50 160	50 159
			取下げ	114 381	114 382
		金銭を目的とする訴え	決定	49 893	49 892
			取下げ	112 589	112 590
32	第10表	総数	3月以内	89 605	89 606
			6月以内	60 973	60 972
		その他	3月以内	48 976	48 977
			6月以内	29 449	29 448
	第11表	総数	3月以内	89 605	89 606
			6月以内	60 973	60 972
		金銭を目的とする訴え	3月以内	87 109	87 110
			6月以内	58 960	58 959
33	第15表	総数	鑑定（件）	21	20
		金銭を目的とする訴え	鑑定（件）	17	16
35	第17表		総数	100 683	100 686
			6月以内	48 006	48 003
			1年以内	22 815	22 818
			3年以内	6 032	6 036
			4年以内	1 774	1 772
			5年以内	649	650
	第18表		総数	138 443	138 444
			金銭を目的とする訴え	96 894	96 898
			金銭を目的とする訴え－建築請負代金等	1 430	1 431
			金銭を目的とする訴え－建築瑕疵による損害賠償	494	493
			金銭を目的とする訴え－医療行為による損害賠償	753	745
			金銭を目的とする訴え－労働に関する訴え	2 603	2 602
			金銭を目的とする訴え－知的財産権に関する訴え	245	248
			金銭を目的とする訴え－その他	91 292	91 302
			建物を目的とする訴え	24 567	24 566
			土地を目的とする訴え	7 149	7 152
			労働に関する訴え（金銭目的以外）	893	898
			その他の訴え	8 689	8 679
36	第19表	総数	総数	138 682	138 683
			判決－総数	57 376	57 370
			判決－対席－棄却	7 824	7 821
			判決－欠席－認容	23 583	23 580
			決定	1 079	1 080
			和解	51 445	51 448
			取下げ	19 800	19 804
			その他	7 403	7 402
		金銭を目的とする訴え	判決－総数	32 607	32 603
			判決－対席－認容	16 262	16 263
			判決－対席－棄却	6 132	6 129
			判決－欠席－認容	9 954	9 952
			決定	895	896
			和解	42 240	42 244
			その他	6 949	6 948
		うち労働に関する訴え	総数	2 463	2 461
			判決－総数	519	517
			判決－対席－認容	296	295
			判決－対席－棄却	168	167
		うちその他	総数	91 847	91 849
			判決－総数	31 134	31 132
			判決－対席－認容	15 532	15 534

ページ	表番号	箇所 表側	箇所 表頭	誤	正
36	第19表	うちその他	判決－対席－棄却	5 603	5 601
			判決－欠席－認容	9 753	9 751
			決定	816	817
			和解	39 281	39 285
			その他	6 811	6 810
		建物を目的とする訴え	総数	24 456	24 457
			取下げ	3 497	3 498
		土地を目的とする訴え	総数	7 409	7 410
			取下げ	953	954
		その他の訴え	総数	8 406	8 405
			判決－総数	3 516	3 514
			判決－対席－認容	1 825	1 824
			判決－欠席－認容	659	658
			和解	2 357	2 356
			取下げ	1 816	1 818
37	第20表	総数	総数	138 682	138 683
			1月以内	10 696	10 697
			2月以内	18 359	18 358
			3月以内	20 354	20 355
			1年以内	27 607	27 605
			3年以内	6 822	6 823
			4年以内	1 779	1 780
		判決	総数	57 376	57 370
			6月以内	12 229	12 228
			1年以内	7 076	7 074
			2年以内	9 663	9 661
			3年以内	3 379	3 378
		対席	総数	33 489	33 486
			3月以内	4 071	4 072
			1年以内	6 218	6 216
			2年以内	9 453	9 452
			3年以内	3 364	3 363
		欠席	総数	23 843	23 840
			3月以内	9 042	9 041
			6月以内	6 112	6 111
			2年以内	202	201
		和解	総数	51 445	51 448
			1月以内	83	84
			3年以内	2 898	2 899
			4年以内	656	657
		その他	総数	29 861	29 865
			2月以内	4 400	4 399
			3月以内	3 122	3 123
			6月以内	5 835	5 836
			2年以内	1 849	1 851
			3年以内	545	546
	第21表	総数	総数	138 682	138 683
			1月以内	10 696	10 697
			2月以内	18 359	18 358
			3月以内	20 354	20 355
			1年以内	27 607	27 605
			3年以内	6 822	6 823
			4年以内	1 779	1 780
		金銭を目的とする訴え	1月以内	8 796	8 797
			2月以内	9 202	9 201
			3月以内	10 234	10 235
			6月以内	18 341	18 340
			1年以内	22 837	22 836
			4年以内	1 382	1 383
		うち労働に関する訴え	総数	2 463	2 461
			2年以内	883	882
			3年以内	259	258
		うちその他	総数	91 847	91 849
			1月以内	8 623	8 624
			2月以内	8 948	8 947

ページ	表番号	箇所 表側	箇所 表頭	誤	正
37	第21表	うちその他	3月以内	10 011	10 012
			6月以内	17 758	17 757
			1年以内	21 647	21 646
			2年以内	18 688	18 689
			3年以内	4 556	4 557
			4年以内	1 113	1 114
		建物を目的とする訴え	総数	24 456	24 457
			3年以内	227	228
		土地を目的とする訴え	総数	7 409	7 410
			6月以内	1 647	1 648
		その他の訴え	総数	8 406	8 405
			1年以内	1 758	1 757
38	第22表	口頭弁論手続を経た事件	総数	117 153	117 151
			2回	25 492	25 493
			3回	12 685	12 683
			4回	6 748	6 745
			11～15回	1 020	1 022
		争点等整理手続(準備的口頭弁論,弁論準備)を経た事件	総数	60 391	60 392
			1回	3 919	3 918
			3回	5 987	5 986
			4回	6 551	6 552
			7回	4 836	4 835
			9回	3 349	3 350
			11～15回	7 545	7 546
			16回以上	4 078	4 079
	第23表	総数	総数	138 682	138 683
			弁護士を付けたもの－総数	120 344	120 347
			弁護士を付けたもの－双方	63 049	63 055
			弁護士を付けたもの－一方－総数	57 295	57 292
			弁護士を付けたもの－一方－被告側	3 806	3 803
		金銭を目的とする訴え	弁護士を付けたもの－総数	84 487	84 488
			弁護士を付けたもの－双方	51 141	51 144
			弁護士を付けたもの－一方－総数	33 346	33 344
			弁護士を付けたもの－一方－被告側	3 063	3 061
		うち労働に関する訴え	総数	2 463	2 461
			弁護士を付けたもの－総数	2 402	2 400
			弁護士を付けたもの－双方	2 082	2 081
			弁護士を付けたもの－一方－総数	320	319
			弁護士を付けたもの－一方－被告側	94	93
		うちその他	総数	91 847	91 849
			弁護士を付けたもの－総数	79 226	79 229
			弁護士を付けたもの－双方	46 851	46 855
			弁護士を付けたもの－一方－総数	32 375	32 374
			弁護士を付けたもの－一方－被告側	2 827	2 826
		建物を目的とする訴え	総数	24 456	24 457
			弁護士を付けたもの－総数	20 425	20 426
			弁護士を付けたもの－双方	2 981	2 982
		土地を目的とする訴え	総数	7 409	7 410
			弁護士を付けたもの－総数	6 755	6 756
			弁護士を付けたもの－双方	2 918	2 919
		その他の訴え	総数	8 406	8 405
			弁護士を付けたもの－双方	5 016	5 017
			弁護士を付けたもの－一方－総数	2 545	2 544
			弁護士を付けたもの－一方－被告側	377	376
39	第24表	総数	事件総数	138 682	138 683
			証人－件数（件）	10 259	10 260
			証人－延べ人員（人）	18 056	18 060
			当事者尋問－件数（件）	18 916	18 914
			当事者尋問－延べ人員（人）	36 224	36 220
			鑑定（件）	717	716
			検証（件）	159	158
		金銭を目的とする訴え	証人－件数（件）	8 055	8 056
			証人－延べ人員（人）	14 079	14 083
			当事者尋問－件数（件）	15 417	15 415
			当事者尋問－延べ人員（人）	29 545	29 540

ページ	表番号	箇所（表側）	箇所（表頭）	誤	正
39	第24表	金銭を目的とする訴え	鑑定（件）	332	331
			検証（件）	103	102
		うち建築瑕疵による損害賠償	鑑定（件）	12	11
		うち労働に関する訴え	事件総数	2 463	2 461
			当事者尋問－件数（件）	612	610
			当事者尋問－延べ人員（人）	1 185	1 180
		うちその他	事件総数	91 847	91 849
			証人－件数（件）	7 024	7 025
			証人－延べ人員（人）	12 122	12 126
			検証（件）	97	96
		建物を目的とする訴え	事件総数	24 456	24 457
		土地を目的とする訴え	事件総数	7 409	7 410
		その他の訴え	事件総数	8 406	8 405
			当事者尋問－延べ人員（人）	2 940	2 941
	第25表	総数	総数	138 682	138 683
			専門委員の関与があったもの－総数	560	561
			専門委員の関与があったもの－関与した手続－争点等の整理手続	526	527
		建築瑕疵による損害賠償	専門委員の関与があったもの－総数	63	62
			専門委員の関与があったもの－関与した手続－争点等の整理手続	62	61
		その他の訴え	総数	135 540	135 541
			専門委員の関与があったもの－総数	364	366
			専門委員の関与があったもの－関与した手続－争点等の整理手続	335	337
43	第36表		金銭を目的とする訴え－労働に関する訴え	308	307
			金銭を目的とする訴え－その他	7 761	7 762
47	第43表	総数	証人－件数（件）	140	141
			証人－延べ人員（人）	201	202
			当事者尋問－件数（件）	165	168
			当事者尋問－延べ人員（人）	260	265
		金銭を目的とする訴え	証人－件数（件）	105	106
			証人－延べ人員（人）	147	148
			当事者尋問－件数（件）	111	114
			当事者尋問－延べ人員（人）	180	185
		うちその他	証人－件数（件）	86	87
			証人－延べ人員（人）	118	119
			当事者尋問－件数（件）	95	98
			当事者尋問－延べ人員（人）	162	167
61	第77表		1年以内	1 098	1 097
			2年以内	505	506
63	第82表	総数	既済	3 004	3 005
			未済	1 125	1 124
		一般	既済	2 171	2 172
			未済	544	543
	第83表		総数	1 125	1 124
			3月以内	341	340
	第84表	総数	総数	3 004	3 005
			不成立	371	370
			調停に代わる決定	1 722	1 724
		一般	総数	2 171	2 172
			不成立	196	195
			調停に代わる決定	1 547	1 549
64	第85表	総数	総数	3 004	3 005
			1月以内	1 771	1 772
		一般	総数	2 171	2 172
			1月以内	1 597	1 598
	第86表	総数	総数	3 004	3 005
			実施無し	1 660	1 661
			実施有り－6～10回	415	416
			実施有り－11～15回	158	157
		不成立	総数	371	370
			実施無し	2	1
			実施有り－6～10回	117	118
			実施有り－11～15回	40	39
		調停に代わる決定	総数	1 722	1 724
			実施無し	1 628	1 630

ページ	表番号	箇　　　　　所		誤	正
		表　　　　側	表　　　　頭		
64	第87表		事件総数	3 004	3 005
69	第100表	事情届に基づいて執行裁判所が実施する配当等手続	総数	22 879	22 880
			1年以内	1 053	1 054
		強制執行	総数	97 124	97 125
			1年以内	12 904	12 905
		債権及びその他の財産権に対する強制執行	総数	94 630	94 631
			1年以内	12 375	12 376
		担保権実行	総数	16 241	16 242
			3年以内	360	361
		不動産等を目的とする担保権の実行としての競売等	総数	12 962	12 963
			3年以内	154	155
	第101表	事情届に基づいて執行裁判所が実施する配当等手続	総数	64 130	64 128
			終結	16 431	16 430
			他の事件で配当等を実施したもの	45 162	45 161
		強制執行	総数	122 061	122 060
			終結	14 223	14 195
			他の事件で配当等を実施したもの	1 583	1 611
			取下げ	99 890	99 889
		債権及びその他の財産権に対する強制執行	総数	117 161	117 160
			終結	12 989	12 961
			他の事件で配当等を実施したもの	1 521	1 549
			取下げ	97 242	97 241
70	第102表	事情届に基づいて執行裁判所が実施する配当等手続	総数	64 130	64 128
			1月以内	2 932	2 930
		強制執行	総数	122 061	122 060
			1年以内	11 988	11 987
		債権及びその他の財産権に対する強制執行	総数	117 161	117 160
			1年以内	10 733	10 732
	第103表	債権及びその他の財産権に対する強制執行	総数	117 161	117 160
			支払督促	34 738	34 737
71	第104表	総数（送達等事件を含む）	未済	10 409	10 408
76	第113表		決定－却下	133	132
			命令	172	173